物流服务与管理专业新形态一体化系列教材

# 配送作业实务

主　编　薛正香　王莉莉
副主编　丁培深
参　编　兰晓青　于雅婷　王丽萍
主　审　陈雄寅　毛艳丽

北京理工大学出版社
BEIJING INSTITUTE OF TECHNOLOGY PRESS

版权专有　侵权必究

## 图书在版编目(CIP)数据

配送作业实务 / 薛正香, 王莉莉主编. -- 北京：北京理工大学出版社, 2022.11
ISBN 978-7-5763-1817-3

Ⅰ. ①配… Ⅱ. ①薛… ②王… Ⅲ. ①物资配送–教材 Ⅳ. ①F252.14

中国版本图书馆 CIP 数据核字(2022)第 206249 号

| | |
|---|---|
| 出版发行 / | 北京理工大学出版社有限责任公司 |
| 社　　址 / | 北京市海淀区中关村南大街 5 号 |
| 邮　　编 / | 100081 |
| 电　　话 / | (010)68914775(总编室) |
| | (010)82562903(教材售后服务热线) |
| | (010)68944723(其他图书服务热线) |
| 网　　址 / | http://www.bitpress.com.cn |
| 经　　销 / | 全国各地新华书店 |
| 印　　刷 / | 定州启航印刷有限公司 |
| 开　　本 / | 889 毫米×1194 毫米　1/16 |
| 印　　张 / | 12.5 |
| 字　　数 / | 263 千字 |
| 版　　次 / | 2022 年 11 月第 1 版　2022 年 11 月第 1 次印刷 |
| 定　　价 / | 40.00 元 |

责任编辑 / 封　雪
文案编辑 / 毛慧佳
责任校对 / 刘亚男
责任印制 / 边心超

图书出现印装质量问题,请拨打售后服务热线,本社负责调换

# Preface 前言

本书"紧贴企业实务，紧扣春考大纲、考证大纲，紧跟技能大赛"，可供教师教学、学生考证使用，也可供相关企业员工自学。

本书以配送岗位为依托，将岗位分解为六个项目，包括认知配送、进货作业与订单作业、拣选作业与补货作业、出货作业与退货作业、配送加工作业与车辆配载作业、送货作业与配送路线优化。每个项目的具体模块安排如下。

（1）岗位任务情境：真实任务，可操作性强，能够激发学生兴趣。

（2）岗位任务要求：紧贴岗位标准，任务目标精准、实际。

（3）获取岗位知识：根据课程标准，呈现基础理论知识，使学生实践操作流程，对学生进行作业技巧指导。

（4）岗位案例分析：采用经典案例，通过对成功经验的学习、分析，引导学生树立正确的价值观。

（5）岗位实训任务：通过对应技能训练项目、实践巩固，培养学生的综合应用能力和实际执行能力。

本书的特色与创新表现在以下五个方面。

（1）服务"1+X"，课证融通。紧贴企业实务，紧扣春考大纲、考证大纲，紧跟技能大赛。

（2）任务驱动，行动指引。创新编写体系，充分体现"做中学，做中教"。

（3）活页精练，资源丰富。以工作活页的形式呈现，图文并茂、深入浅出，信息化资源丰富。

(4) 四个对接，三个融合。四个对接：课程体系与岗位需求的对接，编写体例与工作流程的对接，学习内容与工作内容的对接，校内教学资源与企业培训资源的对接。三个融合：职业技能教育与德育教育、情感教育、职业生涯规划教育的融合。

(5) 校企双元，合作开发。邵清东是物流企业的高管，指导了本书的编写，使本书内容实现了产教融合的有效对接。

本书由薛正香、王莉莉担任主编，由丁培深担任副主编。另外，兰晓青、王丽萍、于雅婷也参与了本书的编写，陈雄寅、毛艳丽担任本书的主审。

编者在本书的编写过程中参阅了国内外有关仓储与配送的大量论著与资料，借鉴和吸收了众多专家、学者的研究成果，在此一并表示衷心的感谢。

由于编者水平有限，书中难免存在不妥之处，恳请广大读者批评指正。

编　者

# Contents

## 目录

| 项目一　认知配送 | 1 |
|---|---|
| 任务一　配送概述 | 2 |
| 任务二　配送职业核心能力 | 13 |
| 任务三　配送作业流程 | 21 |

| 项目二　进货作业与订单作业 | 36 |
|---|---|
| 任务一　进货作业 | 37 |
| 任务二　订单作业 | 49 |

| 项目三　拣选作业与补货作业 | 74 |
|---|---|
| 任务一　拣选作业 | 75 |
| 任务二　补货作业 | 92 |

| 项目四　出货作业与退货作业 | 105 |
|---|---|
| 任务一　出货作业 | 106 |
| 任务二　退货作业 | 117 |

## 项目五　配送加工作业与车辆配载作业　132

　　任务一　配送加工作业……………………………………………… 133
　　任务二　车辆配载作业……………………………………………… 150

## 项目六　送货作业与配送路线优化　163

　　任务一　送货作业…………………………………………………… 163
　　任务二　配送路线优化……………………………………………… 175

## 参考文献　193

# 项目一

# 认知配送

## 岗位任务情境

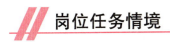

**世博园物流配送专线**

2010年4月8日,世博园区物流配送专线正式开通。此专线由上海大众交通国际物流有限公司(以下简称"大众物流")和海程邦达国际物流有限公司(以下简称"海程邦达")共同运营,主要负责世博园区浦西区域和浦东中国馆等场所的物流配送任务并提供相应的园区外运输服务。其中,大众物流提供自身具有优势的资源——配置液压尾板、GPRS的厢式货车、专业装卸人员、浦东机场海关监管的冷冻仓库和集货仓库,并以大众物流的"96811"货运调度电话作为世博期间的物流专线。海程邦达则负责客户的业务预约和调派,通过系统配对,运用优化配送方案提供准确、及时、高效的物流服务。世博会的布展期、展出期、撤展期都必须由强大的物流体系来提供保障。例如,布展期,要将全球各地的工程材料和展览品等运输至展区内;撤展期,除中轴线的几个建筑外,其余的也将全部拆除并运出展区。这两项任务的工作量很大。另外,在展出期内,生活用品(如饭菜、饮料等)的保障运送流量也是非常大的。

上海世博会设有19家推荐物流服务商,其中,大众物流是唯一一家运输类企业,而海程邦达则是一家外资企业。海程邦达有密集的全球物流网络,特别是从2001年起,其在北京、上海、广州等城市迅速开展了会展物流运输业务。大众物流与海程邦达自愿结对,联手开展世博园区内的夜间配送和园区外的日间配送两大类业务。

有人说,21世纪是物流的世纪,谁掌握了物流配送,谁就掌握了市场的主动权。

**想一想:**
1. 物流配送在从企业生产到客户消费的流通过程中处于怎样的地位?
2. 在大型的会展活动中,统一的物流配送模式有哪些优势?

配送作业实务

# 任务一　配送概述

## 岗位任务要求

### 知识目标

1. 掌握配送的概念，了解国内外配送业的发展过程。
2. 了解配送的几种模式。
3. 了解我国配送业的现状。

### 能力目标

能通过媒体、网络等形式对我国配送业的发展过程进行分析。

### 素养目标

结合实际，立足本职岗位，培养严谨认真的工作态度。

## 任务分组

任务名称：_____

| 任务分组表 | | | | | |
|---|---|---|---|---|---|
| 班级 | | 组号 | | 授课教师 | |
| 组长 | | 学号 | | 日期 | |
| 组内成员 | | | | | |
| 姓名 | | 学号 | | 备注 | |
| | | | | | |
| | | | | | |
| | | | | | |
| | | | | | |
| 任务分工 | | | | | |

## 获取岗位知识

### 知识点一：配送的定义

社会生活中存在许多配送现象，例如，面向学校、写字楼的纯净水配送；面向居民的液化气、粮油配送；连锁经营的零售业总部为各加盟连锁店铺提供的物品配送；生产企业的原材料、零件、部件、组件的配送等。有关配送的定义，在不同的国家和地区，在理论界、企业界都有着不同的描述。

我国物流界对配送的定义是：按客户的订货要求（时间要求、产品要求、数量要求、地点要求），在物流据点（仓库、商店、货运站、物流中心、配送中心等）进行分拣、加工和配货、包装等作业后，再将配好的货物以最合理的方式送交客户的一种经济活动。由此可见，配送的内涵体现在两个方面：一是配；二是送。配送是"配"和"送"的有机结合，是一项特殊的物流活动，是现代物流的重要职能之一。

配送包含了以下四个方面的内容。

**1. 配送的实质是送货**

配送是一种送货形式，但和一般送货形式又有所区别。一般送货可以是一种偶然的行为，而配送却是一种固定的形式，是一种有确定组织和确定渠道，有一套装备和管理力量、技术力量，有一套制度的体制形式。所以，配送是高水平的送货形式。

**2. 配送是一种"中转"形式**

配送是从物流节点至客户的一种特殊送货形式。从送货功能看，其特殊性表现为从事送货的是专职流通企业，而不是生产企业；配送是"中转"形式的送货，而一般送货（尤其是从工厂至客户的送货）往往是直达型；一般送货是生产什么送什么，配送则是企业需要什么送什么。要做到需要什么送什么，就必须在一定中转环节筹集这种需要，因此配送必然以中转形式出现，如图1-1所示。

**3. 配送是"配"和"送"有机结合的形式**

与一般送货的重要区别在于，配送利用有效的分拣、配货等工作，使送货达到一定规模，再利用规模优势，仅需要付出较少的送货成本。如果不进行分拣、配货，有一件运一件，就会大大增加劳动力的消耗。所以，要突出整个配送的优势，分拣、配货等工作是必不可少的。

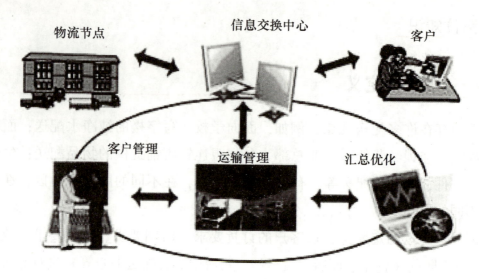

图 1-1 配送示意

### 4. 配送以客户要求为出发点

"根据客户的要求"明确了客户的主导地位。配送是从客户利益出发、按客户要求进行的一种活动。在观念上必须明确"客户第一""质量第一"的理念；配送企业处于服务地位而不是主导地位，因此，不能先考虑本企业利益，而应先考虑客户利益，在满足客户利益的基础上获得本企业利益。更重要的是，企业不能利用配送损害客户利益或控制客户，不能把配送作为部门分割、行业分割、市场割据的手段。

## 知识点二：国内外现代物流发展状况

### 1. 国外现代物流发展状况

（1）美国现代物流配送的发展状况。

从 20 世纪 60 年代起，货物配送的合理化在美国普遍得到重视。为了在流通领域产生效益，美国企业采取了以下措施：一是将老式仓库改为配送中心；二是引进计算机管理网络，对装卸、搬运、保管实行标准化操作，提高作业效率；三是各连锁店共同组建配送中心，以促进效益的增长。

美国连锁店的配送中心有多种，主要包括批发型、零售型和仓储型三类。首先是批发型。该类型配送中心主要靠计算机管理，业务部通过计算机获取会员店的订货信息，及时向生产厂家和储运部发出订货指示单。其次是零售型。该类型以美国沃尔玛公司的配送中心为代表。该类型的配送中心一般为某零售商独资兴建，专为本公司的连锁店按时提供商品，确保各连锁店稳定经营。再次是仓储型。美国福来明公司的食品配送中心是典型的仓储型配送中心，它的主要任务是接受独立杂货商联盟的委托业务，为该联盟在该地区的若干家加盟店提供货物配送服务。

（2）欧洲现代物流配送的发展状况。

在欧洲各国，尤其是德国，物流配送是指按照订货要求，在物流节点进行分货、配货以后，再将配好的货物送交收货人的活动。德国的物流配送产业是从第二次世界大战以后，随着现代科技的兴起和经济的高速发展而逐步发展起来的。德国的物流配送已经摒弃了商品从产地到销地的传统配送模式，基本形成了商品从产地到集散中心，从集散中心（有时通过不止一个集散中心）到达最终客户的现代模式。可以说，德国的物流配送已经形成了以最终需求为导向，以现代化交通和高科技信息网络为桥梁，以合理分布的配送中心为枢纽的完备的运行系统。

**2. 我国物流配送业发展整体概况**

20世纪90年代以来的流通实践证明了配送是一种较理想的物流方式，城市物流配送业也得到了重视和发展。近年来，我国的许多大中城市都开始兴建物流中心、配送中心，物流基础设施逐渐得到改善，整体物流技术水平也得到了提高。

近年来，我国物流配送行业顺应着互联网时代的浪潮，迅速发展，打破了以往传统物流配送公司的"瓶颈"，产业结构开始变革，改变以往传统的物流配送企业的服务方式，为城市经济的发展做出了卓越的贡献。

我国物流配送行业的特点表现在以下四个方面。

（1）产业规模增长迅速。

我国电子商务行业发展迅速，人们逐渐形成了网购的习惯，对于物流配送的需求越来越大，这个状况促使我国的物流配送公司越来越多，整个行业的规模持续扩大。

（2）服务模式快速转变。

如今的物流配送公司相较于以往传统的物流配送公司，不再只是单一提供运输服务，而是开始扩展多元化服务模式，如仓储、装卸、货代、安装等服务，而且水平不断提高，建立起了自己的物流服务体系。

（3）设施设备不断完善。

随着科技技术的不断发展，我国的物流设施设备不断改善，智能化系统设备已经是每家物流配送公司必不可少的部分，既提高了物流配送的工作效率，也为物流配送行业的发展提供了基础。

（4）发展环境不断改善。

政府不断颁布了一系列的法律法规，为物流配送行业的发展提供了巨大的支持，整个行业的发展环境越来越完善。

总体而言，我国的物流配送水平已经领先全球，整个行业呈现出良性发展的趋势。

配送作业实务

## 知识点三：常见的配送模式

从物流本身的运行规律来看，尽管各类配送服务作业的内容是一致的，但由于物流运作组织的主体和服务对象不同（即配送所服务的企业性质、使命与目标不同），配送运行方式也就不同，由此就产生了不同的配送运行模式。根据目前配送运行的情况，三种常见的配送模式如下。

### （一）自营型配送模式

自营型配送是工商企业为了保证生产或销售的需要，独自出资建立自己的物流配送系统，对本企业所生产或销售的产品进行的配送活动。这种模式有利于企业供应、生产和销售的一体化作业，效率相对较高，既可满足企业内部原材料、半成品及成品的配送需要，又可满足企业对外进行市场拓展的需要。其优点在于直接由本企业进行配送，避免了商业部门的多次物流中转，可以降低产品成本。其劣势在于，现代生产企业往往是进行大批量、低成本生产，品种较单一，不能像社会专业配送中心那样依靠产品凑整运输获得规模优势；另外，企业为自己建立配送体系，投资规模较大，配送的成本和费用也相对较高。

通常，采取自营型配送模式的企业大多是规模较大的集团公司，比较有代表性的是连锁企业的配送。其基本上都是通过组建自己的配送系统来完成企业的配送业务，包括对内部各厂店的配送和对企业外部客户的配送。

### （二）第三方配送模式

第三方配送模式也称外包型物流配送，是指工商企业将其供应销售物流业务全部或部分委托给第三方物流公司或配送中心运作的模式。其优势在于专业配送公司能够通过规模化操作产生经济利益，所以投入的成本较低。另外，专业配送公司能够提供更多物流作业和物流管理方面的专门知识，有助于商贸企业降低经营风险。

**1. 第三方物流配送给企业带来的利益**

第三方物流配送给企业带来的利益，主要表现在以下两个方面。

（1）企业通过社会物流资源的共享，不仅可以避免浪费企业"小而全""大而全"的宝贵资源，为企业减少物流投资和营运管理费用，降低物流成本，而且可以避免自营物流所带来的投资风险和营运风险。

（2）企业将其非优势所在的物流配送业务外包给第三方物流来运作，不仅可以享受更为精细的专业化高水平物流服务，而且可以将精力专注于自己擅长的业务发展上，充分发挥其在生产制造领域或销售领域方面的专业优势，增强其主营业务的核心竞争力。

归纳起来，第三方物流的信息、专业、规模、装备等所表现出来的优势，给企业带来的不仅是物流效率与经济效益的提高,还有物流供需双方的共赢。

**2. 第三方物流的配送运作**

(1)企业销售配送的第三方物流配送模式。

其是指工商企业将其销售物流业务外包给独立核算的第三方物流公司或配送中心运作,企业采购供应物流配送业务仍由企业供应物流管理部门承担的配送模式。

(2)企业供应配送的第三方物流配送模式。

其是指由社会物流服务商对某一企业或者若干企业的供应需求实行统一订货、集中库存、准时配送或采用"代存代供"等其他配送服务的配送模式。

这种供应配送按客户送达要求,又可以分为以下三种形式。

①"门到门"配送供应。其是指由配送企业将客户供应需求配送到客户"门口",以后的事情由客户自己去做。

②"门对库"配送供应。其是指由配送企业将客户的供应需求直接配送到企业内部各个环节的仓库中。

③"门到线"供应配送。其是指由配送企业将客户的供应需求直接配送到生产线上。显然,这种配送可以让企业实现"零库存",对配送的准确性和可靠性要求较高。

(3)供应—销售物流一体化的第三方物流配送模式。

随着物流社会化的趋势、企业供应链管理战略的实施,除企业的销售配送业务社会化以外,企业供应配送也将社会化,即由第三方物流公司来完成。特别是当工商企业和专职的第三方物流配送企业形成战略同盟关系后,供应—销售物流一体化所体现的物流集约化优势表现得更为明显。在这种模式下,第三方物流配送企业在完成服务企业销售配送的同时,又承担着客户产品内部供应的职能。也就是说,第三方物流配送企业既是客户企业产品销售的物流提供者,又是客户企业的物资商品供应代理人。这种销售—供应一体化的第三方物流配送模式是配送经营中的一种重要形式,它不仅有利于形成稳定的物流供需关系,而且有利于工商企业专注于生产、销售等核心业务的发展。同时,长期稳定的物流供需关系还有利于实现物流配送业务的配送中心化、配送作业计划化和配送手段的现代化,从而保持物流渠道的畅通稳定和物流配送运作的高效率、高效益、低成本。因此,供应—销售物流一体化的第三方物流服务模式备受人们关注。当然,超大型企业集团也可自己实现供应—销售物流配送,但中小企业物流配送走社会化之路,是有利于企业降低供应成本、提升企业竞争力的。

## (三)共同配送模式

### 1. 共同配送产生的背景

共同配送又称为协同配送,于20世纪60年代中期产生于日本。当时,随着日本经济的振兴和物流量的增加,交通运输量也在迅猛增加。交通拥挤、交通混乱等现状严重困扰了配送活动的顺利展开。特别是在中小企业独立配送的情况下，配送效率很难提高。面对这种现实，很多企业迫切希望组织联合行动，开展共同配送活动。因此经过不断探索，它们在流通实践中推行了共同配送方式。

### 2. 共同配送的含义

共同配送实际上就是在同一地区，许多企业在物流运输中互相配合、联合运作，共同进行理货、选货等活动的一种组织形式，在实际操作时主要使用以下两种运作方法。

（1）客户联合设置接货点和货物处置场地，集中人力、物力开展配送。

由于客户相对集中，而且所在地区交通拥挤、道路窄、场地小，不方便单独准备接货场地或货物处置场地有困难，因此多个客户联合起来设立配送的接收点或货物处置场所不仅解决了场地问题，还大大提高了接货效率，加快了配送车辆的周转速度。另外，由于接货地点集中，可以集中处理包装材料，并且减少接货人员的数量。

（2）数个配送企业交叉利用他方的配送中心和机械设备进行配送。

其是指当某个城市或地区中有多个不同的配送企业时，为节省配送中心的投资费用，提高配送运输效率，多家企业共同出资建立配送中心进行共同配送，或多家企业共同利用已有的配送中心、配送机械等设施，对不同配送企业客户共同实行配送。

### 3. 共同配送的优势

共同配送是人们经过长期的发展和探索后优化出来的一种配送形式。它是现代社会影响较大、资源配置较为合理的一种配送方式。其优势体现在以下两个方面。

（1）从货主（厂家、批发商和零售商）的角度来说。

共同配送可以提高物流效率，例如，中小批发者采用各自配送，就难以满足零售商多批次、小批量的配送要求；采用共同配送，送货的一方可以实现少量物流配送，收货一方可以统一进行验货，从而达到提高物流配送水平的目的。

（2）从运输业者的角度来说。

共同配送可以提高车辆使用效率。运输业内多为中小企业，其不仅资金少、人才不足、组织脆弱，而且运输量少、运输效率低，使用车辆多，在独自承揽业务、物流合理化及效率上受到限制。如果实现合理化共同配送，则可通过筹集资金、大宗运货、兴建信息网络等来提高车辆使用效率，解决往返运货等问题；同时，也可以通过共同配送扩大多批次、小批量的服务范围。

### 4. 共同配送的运作模式

共同配送在实际运作时，通常遵循的模式有：在多个参加共同配送的企业中选定一个核心企业，或者建立一个调控中心，对共同配送作业进行统筹安排和统一调度，使各个参与共同配送的企业能分工协作，联合行动，共同完成对某一地区或某些客户的配送。

共同配送的仓库可以由多个配送企业共同建造，也可以利用已有的仓库和配送中心。其可以在共同配送调控中心的统一调度下，利用距离客户最近的配送中心（或物流据点）开展配送活动，从而降低物流成本，发挥出配送企业的整体优势。

## 补充与链接（其他知识点整理处）

_____
_____
_____
_____
_____

## 岗位案例分析

### 世博园参会商——青岛海尔

世博园参会商青岛海尔物流有限公司（以下简称"海尔物流公司"）在开发区设立的物流配送中心运营仅1个多月，晋南160多户经销商就享受到了该公司"即需即送"的服务。某次，一客户送给它们的感谢信称："配送中心自从10月设立以来，从下单开货到货物送达，整个配送时效提高了2~3倍，可以做到当天开货，次日配送到位，甚至当天配送到位。这种配送速度是前所未有的。"

作为世界第四大白色家电制造商，被评为"中国十大世界级品牌"的青岛海尔，为实现其战略目标，提高市场竞争力，在物流管理上实行"零库存"模式。在青岛海尔，仓库不再是储存物资的水库，而是一条流动的河，河中流动的是按单采购用来生产所必需的物资，这从根本上消除了呆滞物资，也消灭了库存冗余，使采购、配送和物流分拨流程实现同步，从而保证了资金和生产的优质循环。这一模式使海尔在金融危机中傲然挺立。为此，青岛海尔更加重视配送中心的合理布局。侯马开发区长期跟踪大企业的发展，当了解到青岛海尔的这一发展意向后，及时与其联系，将自身所具有的交通区位优势及优惠政策、优质服务等反馈给海尔物流公司。青岛海尔对此反馈迅速做出回应，决定继太原配送中心之后，在侯马开发区设立山西第2个配送中心，使业务覆盖整个晋南地区。

在配送中心的建立过程中，侯马开发区给予全方位、全过程服务，协助青岛海尔办理注册手续，免费提供办公场所，及时解决仓储用房，协调解决运输问题，使中心的业务迅速开展起来。配送中心秉持青岛海尔的服务理念，以热情的态度对待客户，以无微不至的关怀服务客户。其以"即需即供，按需送达"为目标，区别于过去单纯的由车队送货的模式，主推加盟车模式，及时下单开货，及时送达，做到"零库存"、端对端，为客户提供零距离服务，一方面可以使客户的需求得到了极大满足；另一方面可以使青岛海尔的市场份额得到明显的提升。

阅读材料，回答以下问题。

1. 青岛海尔的家电生产与物流和配送有什么关系？
2. 试分析青岛海尔发展壮大物流配送对该公司发展的益处。

## 岗位实训任务

### 本地区配送企业发展情况调研

**任务要求：**

通过电话、网络、媒体等资源调研本地区配送企业的发展情况。

**任务准备：**

电话、网络、投影仪、计算机。

**任务步骤：**

（1）分组。将班上学生分成若干小组，每组5人，设组长1名，安排好角色和任务，见表1-1。

表1-1 分组

| 角 色 | 任 务 |
| --- | --- |
| 组长 | 协调小组成员，做好任务分工，组织调查活动 |
| 组员 | 听从教师和组长的指挥，按照分工开展活动 |
| 汇报人 | 从小组成员中选拔，组织汇报材料，制作PPT，在课堂上汇报 |

（2）学生填写《岗位任务工单》（表1-2）中的任务分析、任务执行。

**表1-2 岗位任务工单**

| 姓　　名 | | 任务名称 | |
|---|---|---|---|
| 班　　级 | | 日　　期 | |
| 具体内容 | | | |
| 任务分析 | | | |
| 任务执行 | | | |

（3）查阅资料并汇总。由组长牵头，组员分工，通过网络或者报纸、杂志等媒体了解本地区配送企业的总体发展情况，并填写表1-3。

**表1-3 配送企业的总体发展情况**

| 了解渠道 | 企业名称 | 配送特点 | 配送类型 | 目标客户 | 发展方向 |
|---|---|---|---|---|---|
| | | | | | |
| | | | | | |
| | | | | | |

（4）总结。各小组汇总、分析所掌握的资料，并制作PPT。

（5）报告。按照小组顺序进行汇总报告。

教师根据各组报告情况依次点评，然后对各小组的任务完成情况进行成绩评定。技能训练评价表见表1-4。

**表1-4　技能训练评价表**

| 个人或小组 | | | | |
|---|---|---|---|---|
| 考评地点 | | | | |
| 考评内容 | | | | |
| 考评标准 | | 自我评价 | 教师评价 | 综合评价 |
| | 任务准备情况 | | | |
| | 查阅实训所需资料情况 | | | |
| | 完成实训任务及各项分任务情况 | | | |
| | 团队合作情况 | | | |

## 总结评价

本任务考评表见表1-5。

**表1-5　任务考评表**

| 项目 | 评价等级及标准 | | | 评价方式（得分） | |
|---|---|---|---|---|---|
| | 优秀<br>（8~10分） | 良好<br>（5~7分） | 仍需努力<br>（1~4分） | 教师（企业导师）评价 | 同学评价 |
| 学习态度 | 课前准备充分，课上积极主动交流、思考并回答问题，努力争取出色地完成任务 | 课前按要求完成预习作业，课上能认真听讲，参与交流，努力完成任务 | 课前未能完成预习作业，课上存在走神现象，在同学的帮助下可以完成任务 | | |
| 任务完成情况 | 完全掌握完成任务所需知识 | 基本掌握本节课所学知识，但对完成任务所需知识掌握得不够熟练 | 能掌握本任务所需知识，但无法进行实际操练 | | |
| 课堂参与程度 | 积极举手发言，积极参与小组的讨论、交流与展示 | 能参与小组活动，并参与任务的分析，能完成任务，但主动性有待提高 | 较少发言，较少参与讨论与交流 | | |
| 自我评价（文字描述）： | | | | | |

这个任务对我们以后的学习、工作有什么启发？特别是作为一线操作者，应该具备什么样的职业道德、职业素养和职业精神？

_____

_____

 **想一想　练一练**

**判断题**

1. 配送就是送货。　　　　　　　　　　　　　　　　　　　　　　　　（　　）
2. 配送就是运输。　　　　　　　　　　　　　　　　　　　　　　　　（　　）
3. 配送是"配"和"送"的有机结合。　　　　　　　　　　　　　　　　（　　）

## 任务二　配送职业核心能力

### 岗位任务要求

**知识目标**

1. 掌握职业核心能力的概念。
2. 了解职业核心能力培养的意义和途径。
3. 掌握物流配送职业核心能力的组成。

**能力目标**

1. 能在生活中积极锻炼与他人的沟通与合作能力。
2. 能根据物流各岗位所需职业能力，在日常工作中进行管理、领导、执行等职业能力的培养与锻炼。

**素养目标**

结合实际，立足本职岗位，培养严谨认真的工作态度。

### 获取岗位知识

随着社会的发展，我国职业教育在制度、组织、结构方面都经历了巨大变革。经济、社

会、科技的发展对人们的生产方式、生活方式、思维方式和价值观念产生了巨大影响。为了顺利获得新工作，快速转换到其他岗位，广泛参加社会、经济、文化等方面的活动，人们越来越需要通过正规教育和岗位培训掌握复杂的知识，形成职业核心能力。

职业核心能力是人们在职业生涯中除岗位专业能力之外的基本能力，它适用于各种职业，能适应岗位不断变换的情况，是伴随人一生的可持续发展的能力。现代服务业核心能力是人们能够胜任现代服务业各种岗位的基本能力。

现代服务业主要指现代生产性服务和现代消费性服务。与传统服务业相比，现代服务业虽然产生出许多种服务方式，但其中伴随服务从业人员一生的，可持续发展的核心能力始终未变。随着现代服务业的快速发展，探究服务业职业核心能力将为优质人才的培养提供重要参考依据。

## 一、职业核心能力

职业核心能力是在人们工作和生活中除专业岗位能力之外取得成功所必备的基本能力，可分为三部分。

（1）基础核心能力：职业沟通、团队合作、自我管理。

（2）拓展核心能力：解决问题、信息处理、创新创业。

（3）延伸核心能力：领导力、执行力、个人与团队管理、礼仪训练、"五常"管理、心理平衡等。

当前，职业核心能力已经成为人们就业、再就业和职场升迁所必备的能力，也是在校、已就业和即将就业人群竞争力的重要标志，它也必将成为企事业单位在职人员综合素质提高的重要方向。

## 二、发展职业核心能力的意义

服务方式是服务产品的生产和交换形式的总称。服务产品交换方式的这一特殊性，对于服务业的具体经营形式和经营方法来说显得尤为重要。服务业要开展服务活动，必须使自己生产和交换服务产品的形式（即服务方式）灵活多样，符合消费者的需求。了解并满足消费者的需要是服务从业人员的基本职责。

服务是物质服务和精神服务的有机结合。随着人们对精神服务需求量的增加，服务方式不断推陈出新。各种服务方式在形式上虽然千变万化，但内容基本一致，即分为个性化、集中化、体验式和友情式，它们分别源于平等、时间、情感和关心这四个与消费者精神需求密切相关的主题。

### 1. 源于平等的个性化服务

如果把消费当作一个链条，这个链条的开始是自给自足，然后是最基本的衣、食、住、

行消费,接着是改善型消费,再就是享受型消费,之后是奢侈型消费。社会学家认为,个性化消费源于人人平等的满足和需求。传统平等观告诉我们,平等就是自己与他人一样受到同等待遇。而现代平等观则萌生了新的需求,即希望自己与他人一样被当作特别的存在。于是满足相应需求的个性化服务方式,如产品的多样化、多品种少量生产、产品的功能和创意设计多元化、服务环境的个性化打造(特别是构建店主与消费者趣味相同的个性化店铺)等纷纷涌现。而这些服务方式的产生,都是建立在服务者对消费者的需求、动机、兴趣、情感和个性等心理活动信息的准确了解之上的,特别是消费者的某种特殊需求。

**2. 源于时间的集中化服务**

时至今日,个性化的消费需求带动了整个经济的发展,尤其是消费者直接面对的服务业的根本变革,体验经济应运而生。体验经济的倡导者约瑟夫·派恩认为,如果你为物品和有形的东西收费,那么你所从事的是制造业;如果你为自己开展的活动收费,那么你所从事的是服务业。只有当你为消费者和你在一起的时间收费时,你才算进入了体验业。体验经济实际上就是消费者在有意识地购买时间、消费时间,这是时间消费的最新方式与集中体现。人们越来越希望把时间放在那些能够提供更多享受的地方,甚至把这种感受扩展到消费的时时刻刻,而不是仅仅得到最后一刻的满足。集中化服务不仅借助于服务从业人员对消费者的需求、兴趣与动机进行准确无误的判断,更重要的是对消费者各类关联性需求的准确判断。

**3. 源于情感的体验式服务**

体验经济带来了体验式服务。约瑟夫·派恩和詹姆士·吉尔摩认为,体验经济是"以商品为道具,以服务为舞台,以体验作为主要经济提供物的一种新经济形态",即企业为消费者创造出难忘感受的一种经济形式。马斯洛需求层次理论是体验经济在萌芽状态的理论基础。根据马斯洛需求层次理论,人有 5 种基本需求,它们依次上升,组成人的需求系统,最后产生的需求是"自我实现感",这也是体验经济所追求的终极目标。通常,体验经济是主张以满足消费者心理感受为主,以物质享受为辅的生产消费过程。作为服务从业者,将通过提供或展示氛围、环境、设施等在内的广义性的产品,使消费者在一定时段内能充分体验和获得愉悦感受。这些体验和感受所带来的价值,超越了产品本身的价值。而氛围的营造、环境的布置、设施的陈列,不仅依赖服务者准确的人际认知能力、生动的语言及非语言的表达能力,甚至还涉及服务从业者的艺术修养。

**4. 源于关心的友情式服务**

正如山崎正和在《社交的人》中所描述的那样:在服务行业,就是个人面对面互换服务和关心,诚信和相互认知是关键。服务从业者如果与消费者建立起某种情谊关系,尤其是对于要求个性化服务的消费者来说,这种体验是简单的商品差异化所不能提供的。人际关系心理学认为,良好而健全的人际关系,并非单纯的只是人与人之间的互动,而是在共同的时间与空间里,体验人与人情感交流的真实感受。人际传播学告诉我们,友情是情谊关系的核心成分,可以使人们彼此喜爱、相互吸引。在情谊关系下,消费者能够享受最丰富、最深刻的贴心服务。沙龙、聚会、聚餐和郊游等活动形式,已成为服务从业者与消费者建立情谊关系的常用方法。这些方法的效果好坏,则取决于服务从业者与消费者之间有效互动的成败。

## 三、发展职业核心能力的主要途径

**1. 职业核心能力在课堂教学中亟须加强**

职业核心能力的培养,必须依赖实景训练,唯有深入服务职业一线,才能真正学会维护关系的方法。

**2. "理实分层"教学方法是能力培养的关键**

职业核心能力培养不是简单的技能教学,需要使用"理实结合"的教学方式才能完成,即理论教学承担过程能力的培养,实践教学承担表现能力的培养。

## 四、技能人才职业核心能力特征与国家职业标准对应分析

中职物流专业的学生具备了一定的物流专业操作技能,但缺乏与工作任务相对应的职业方法能力,物流企业对中职物流专业的学生顶岗实习的接受情况也不一致。通过对青岛地区部分物流企业的调研情况来看,46%的企业非常愿意接收中职学生顶岗实习,但43%的企业愿意度一般。

物流职业核心能力与主要岗位对应见表1-6。

表1-6 物流职业核心能力与主要岗位对应

| 层 级 | 主要工作任务 | 对应岗位或岗位群 | 职业核心能力特征 |
| --- | --- | --- | --- |
| 基础操作层 | 1. 入库验收;<br>2. 出库操作;<br>3. 实施养护与安全作业;<br>4. 理货与上架作业 | 出入库员、报关员、配送员、客户关系管理员、跟单员、订单员、分单员(分拣员) | 仓储作业能力、团队协作精神、沟通交流能力 |
| 基层物流管理层 | 1. 入库信息处理;<br>2. 进行退货、转库调拨处理;<br>3. 仓储库存管理 | 运输管理人员、仓储管理员、数据处理员、会计员、出纳员、车队管理员、安全员、报关员 | 发现问题的能力、基本信息处理能力 |

续表

| 层　级 | 主要工作任务 | 对应岗位或岗位群 | 职业核心能力特征 |
|---|---|---|---|
| 项目管理层 | 1. 配送管理；<br>2. 运输管理；<br>3. 物流信息管理 | 项目主管、站台经理、业务经理、市场主管、货代操作人员、货代文件员 | 解决问题的能力、物流信息管理能力 |
| 物流规划设计层 | 1. 采购管理；<br>2. 仓储管理；<br>3. 配送管理；<br>4. 生产物流管理 | 采购管理、配送管理、市场经理、项目总经理、CEO/总经理 | 规划与设计能力、物流市场拓展能力 |

物流职业人才培养的重点是让学生在掌握基本操作技能的基础上提高职业核心能力，如与人合作能力、与人交流能力、自我学习能力、信息处理能力、解决问题能力、抗压能力等核心能力。这样可以使学生在以后的工作岗位上能工作顺心，团队融洽，争取获得更多晋升机会，获得更好的职业发展前景。

### 补充与链接（其他知识点整理处）

### 岗位案例分析

#### 世博园配送组小张的转变

小张在世博园配送项目组工作了一年，由于不满意这份工作，他愤愤不平地对朋友说："我在公司里的工资是最低的，老板也不把我放在眼里，如果再这样下去，总有一天我要跟他拍桌子，然后辞职不干了。"

"你把那家公司的业务都弄清楚了吗？做事的窍门完全弄懂了吗？"他的朋友问他。

"还没有。"

"我建议你先静下心来，认认真真地工作，把他们的工作技巧以及公司组织完全弄懂，甚至把文件如何书写等具体细节弄明白之后再一走了之，这样做岂不是既出了气，又有收获吗！"

小张听了他朋友的建议，一改往日的散漫习惯，开始认真工作，下班后还利用业余时间去学习一些知识来充实自己。

一年之后，那位朋友偶然遇到他。

"现在你大概学会了一切，可以准备拍桌子不干了吧？"

"可是我发现近半年来，老板对我刮目相看，最近更是又给我升职，又给我加薪。说实话，不仅是老板，公司里的其他人都开始敬重我了。"

阅读材料，回答以下问题。

1. 为什么小张后来受到了大家的敬重？
2. 当初老板为什么不重视小张？
3. 我们能从小张的身上学到什么？

## 岗位实训任务

### 对物流行业从业人员进行职业核心能力问卷调查

**任务要求：**

通过电话、网络、实地调查等方式对本校物流在校生和本地区物流企业员工进行问卷调查，并写出调查报告。

**任务准备：**

电话、网络、现场调查、调查问卷（附参考问卷，可自行设计问卷）。

**任务步骤：**

（1）分组。将班上同学分成若干小组，每组5人，设组长1名，安排好角色和任务，见表1-7。

表1-7 分工

| 角色 | 任务 |
| --- | --- |
| 组长 | 协调小组成员，做好任务分工，组织调查活动，牵头做好调查报告 |
| 组员 | 听从教师和组长指挥，按照组长分工开展活动 |
| 汇报人 | 从小组中选拔，组织汇报材料，制作PPT，在课堂上汇报 |

（2）学生填写《岗位任务工单》（表1-8）中的任务分析、任务执行。

表1-8　岗位任务工单

| 姓　　名 | | 任务名称 | |
|---|---|---|---|
| 班　　级 | | 日　　期 | |
| 具体内容 | | | |
| 任务分析 | | | |
| 任务执行 | | | |

（3）查阅资料，汇总。由组长牵头，学生分工，通过电话、网络或现场问卷调查等方式对本校物流专业学生和本地区物流企业员工进行调查，最后以小组为单位写出调查报告。

（4）总结。各小组汇总、分析所掌握的资料，写出调查报告，并制作PPT汇报材料。

（5）报告。按照小组顺序，每小组选定汇报人依次报告小组掌握的信息和情况分析总结。

教师根据学生报告的情况，依次点评，并结合专业知识回顾所学配送的相关知识，然后由教师和各组长对各小组的任务完成情况做出成绩评定。技能训练评价表见表1-9。

表1-9　技能训练评价表

| 个人或小组 | | | | |
|---|---|---|---|---|
| 考评地点 | | | | |
| 考评内容 | | | | |
| | | 自我评价 | 教师评价 | 综合评价 |
| 考评标准 | 任务准备情况 | | | |
| | 查阅实训所需资料情况 | | | |
| | 完成实训任务及各项分任务情况 | | | |
| | 团队合作情况 | | | |

## 总结评价

本任务考评表见表1-10。

表1-10 任务考评表

| 项目 | 评价等级及标准 | | | 评价方式（得分） | |
| --- | --- | --- | --- | --- | --- |
| | 优秀<br>（8~10分） | 良好<br>（5~7分） | 仍需努力<br>（1~4分） | 教师（企业导师）评价 | 同学评价 |
| 学习态度 | 课前准备充分，课上积极主动交流、思考并回答问题，努力争取出色地完成任务 | 课前按要求完成预习作业，课上能认真听讲，参与交流，努力完成任务 | 课前未能完成预习作业，课上存在走神现象，在同学的帮助下可以完成任务 | | |
| 任务完成情况 | 完全掌握完成任务所需知识 | 基本掌握本节课所学知识，但对完成任务所需知识掌握得不够熟练 | 能掌握本任务所需知识，但无法进行实际操练 | | |
| 课堂参与程度 | 积极举手发言，积极参与小组的讨论、交流与展示 | 能参与小组活动，并参与任务的分析，能完成任务，但主动性有待提高 | 较少发言，较少参与讨论与交流 | | |
| 自我评价（文字描述）： | | | | | |

完成这个任务后，我们对以后的学习、工作有什么想法？特别是作为一线操作者，应该具备什么样的职业道德、职业素养和职业精神？

_____

_____

## 想一想 练一练

### 一、不定项选择题

1. 小王读大学二年级时通过考试获得了物流员职业资格，这属于（　　）。
   A. 职业道德　　　B. 职业意识　　　C. 职业行为习惯　　　D. 职业技能
2. （　　）是职业核心能力的核心。

A. 态度　　　　　B. 技能　　　　　C. 习惯　　　　　D. 能力

3. 配送中心为每一位员工都配备了统一的制服，要求员工上班期间统一着装，这样做有助于员工养成良好的（　　）。

A. 职业道德　　　B. 职业意识　　　C. 职业行为习惯　　D. 职业技能

## 二、简答题

1. 职业核心能力是什么？其包含哪几种基本能力？
2. 物流配送的核心职业能力有哪几种？你准备如何养成？

# 任务三　配送作业流程

## 岗位任务要求

### 知识目标

1. 了解和熟悉配送作业内容。
2. 掌握配送作业的订单处理、进货、拣货、补货的作业流程。
3. 了解配送中心的流通加工作业内容。

### 能力目标

1. 在配送中心的实际作业中，能分析各个作业环节。
2. 能分析配送中心各种作业的流程。

### 素养目标

认识订单处理的严谨性和流程规范操作的重要性。

## 获取岗位知识

### 一、配送中心作业流程简介

（1）配送作业概念。

配送作业是按照客户需求，将货物进行分拣、重新包装、贴标签、配货、配装等物流活动，按时按量发送到指定地点的过程。

配送作业是配送中心运作的核心内容。其作业流程是否合理、作业效率的高低都会直接影响整个物流系统的正常运行。

（2）配送作业的具体内容。

配送作业的具体内容包括订单处理、进货、搬运装卸、储存、加工、拣选、包装、配装、送货服务等作业项目。它们之间衔接紧密、环环相扣，整个过程既包括实体物流，又包括信息流，还包括资金流。

（3）配送中心作业流程。

配送中心的主要活动是订货、进货、发货、仓储、订单、拣货和配送作业。在确定配送中心主要活动及其程序之后才能进行规划、设计。有些配送中心还要进行流通加工、贴标签和包装等作业。当有退货时，还要对退货进行分类、保管和退回等作业，如图1-2所示。

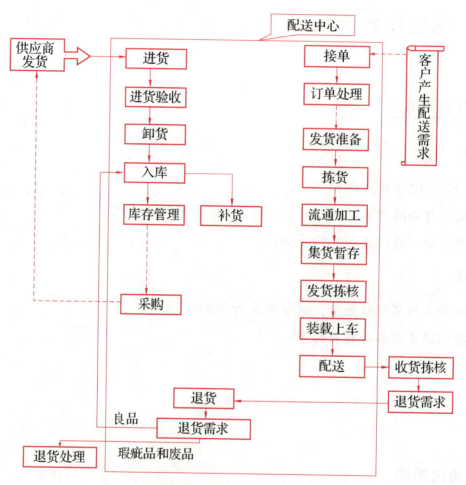

图1-2 配送中心作业流程

## 二、配送中心业务流程

### 1. 进货

进货就是配送中心根据客户的需要，为配送业务的顺利实施而从事的组织商品货源和进行商品存储的一系列活动。流程图如图1-3所示。

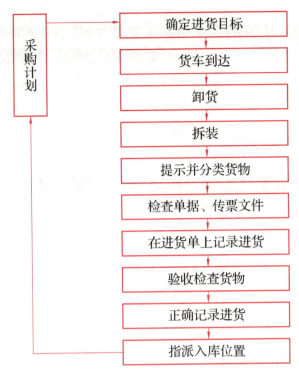

图1-3 进货作业流程

进货是配送的准备工作或基础工作,它既是配送的基础环节,又是决定配送成败与否、规模大小的最基础环节,还是决定配送效益高低的关键环节。

进货作业包括接货、卸货、验收入库,以及将有关信息书面化等一系列流程。进货时应注意以下事项。

①应多利用配送车司机卸货,以减少公司作业人员和避免卸货作业的拖延。
②尽可能将多样活动集中在同一工作站,以节省必要的空间。
③尽量避开进货高峰期,并依据相关性安排活动,以达到距离最小化。
④详细记录进货资料,以备后续存取核查。

### 2. 订单处理

(1) 订单处理的概念。

从接到客户订单开始到着手准备拣货之间的作业阶段,称为订单处理。订单处理是与客户直接沟通的作业阶段,对后续的拣选作业、调度和配送产生直接的影响,是其他各项作业的基础。它通常包括订单资料确认、存货查询、单据处理等内容。

订单是配送中心开展配送业务的依据,配送中心接到客户订单后,需要对订单进行处理,并据此来安排分拣、补货、配货、送货等作业环节。订单处理方式可分为人工处理和计算机处理两种方式。目前主要采用计算机处理方式(图1-4)。

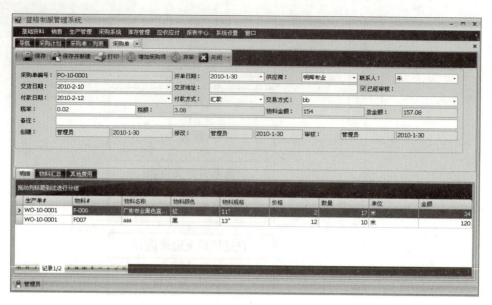

图 1-4 计算机处理订单

（2）订单处理的基本内容及步骤。

订单处理有人工处理和计算机处理两种形式。人工处理具有较大弹性，但只适合少量的订单处理；计算机处理则速度快、效率高、成本低，适合大量订单的处理。因此，目前主要采用计算机处理的方式实现订单处理。订单处理的基本内容和步骤如图 1-5 所示。

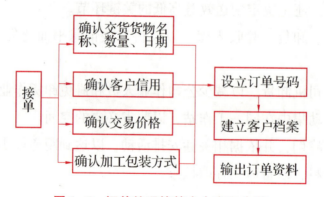

图 1-5 订单处理的基本内容和步骤

**3. 拣货**

（1）拣货作业概念。

拣货作业是配送中心依据客户的订货要求或配送中心的送货计划，迅速、准确地将货物从其储位或其他区域拣取出来，并按一定的方式进行分类、集中，等待配装送货的作业过程。

在配送中心的内部作业中，拣货作业是极为重要的环节，是整个配送中心作业系统的核心，其重要性相当于人的心脏部分。在配送中心的搬运成本中，拣货作业约占 90%；拣货作业时间占整个配送中心作业时间的 30%~40%。因此，合理规划与管理分拣作业，对提高配送中心作业效率和降低配送中心作业成本起到事半功倍的作用。

按分拣手段，拣货作业可分为人工分拣、机械分拣和自动分拣三大类。

（2）拣货作业基本流程。

拣货作业在配送中心整个作业环节中不仅工作量大、工艺过程复杂，而且作业要求时间短、准确度高。因此，加强对拣货作业的管理非常重要，而制订科学合理的分拣作业流程，而对于提高配送中心运作效率及提高服务质量具有重要意义。图1-6所示为配送中心拣货作业的基本流程。

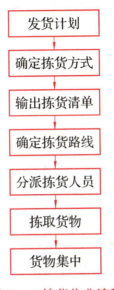

图1-6  拣货作业流程

### 4. 补货

补货是库存管理中的一项重要内容，根据以往的经验，或者相关的统计技术方法，或者计算机系统确定的最优库存水平和最优订购量，当库存低于最优库存水平时发出存货再订购指令，以确保存货中的每一种产品都在目标服务水平下达到最优库存水平。

补货作业的目的是保证拣货区有货可拣，补偿作业是保证充足货源的基础。补货通常以托盘为单位，从货物保管区将货物移到拣货区。

### 5. 配货

配货是配送中心为了顺利、有序、方便地向客户发送货物，对组织来的各种货物进行整理，并依据订单要求进行组合的过程。其是指使用各种拣选设备和传输装置将存放的货物按客户的要求分拣出来，配备齐全，送入指定发货区。

配货作业与拣货作业不可分割，二者一起构成了一项完整的作业。通过分拣、配货可达到按客户要求进行高水平配送的目的。配货作业流程如图1-7所示。

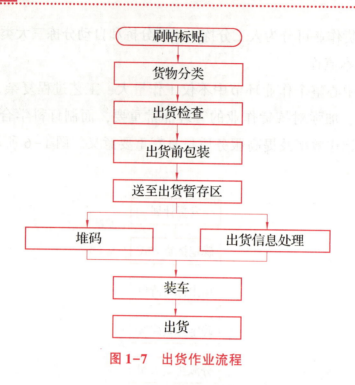

图1-7 出货作业流程

## 6. 送货

配送业务中的送货作业包含将货物装车并实际配送，而完成这些作业需要事先进行配送区域的划分或配送线路的安排，由配送路线选用的先后次序来决定货物装车顺序，并在货物配送途中进行跟踪和控制，制订配送途中意外状况应对方案及送货后文件的处理办法。

送货通常是一种短距离、小批量、高频率的运输形式。它以服务为目标，以尽可能满足客户需求为宗旨。

（1）送货作业的基本程序和内容。

①物流作业配送线路的选择。

②拟订配送计划。

③下达配送计划。

④配货和进货组织工作。

⑤配送发货管理。

⑥费用结算管理。

（2）送货作业应注意的要点。

①全面掌握客户的需求情况。

②建立稳定的资源基地和客户需求。

③加强配送的计划管理。

④建立与配送相适应的组织结构。

⑤科学地组织好配送。

⑥争取得到各方面的帮助和支持。

(3) 送货作业的模式。

①集权式配送组织模式。在整个企业中只有一个配送部门，对整个企业的配送业务实行集中管理，统一调配各个仓库、配送节点和供货厂商的供需关系。例如，在一些连锁经营企业中，所有门店商品的配送都是由企业统一负责的。

②分权式组织模式。配送业务由企业的各分部或产品组，或不同地区分别管理和执行。这种模式在大型企业集团或跨国公司中更为常见。

总体来看，集权式组织模式对市场反应速度和柔性较差，但能够有效地控制配送成本；分权式组织模式对客户要求的反应迅速，但成本较高。

现在很多企业采用的是适当的集权与分权相结合的配送方式。例如，同质性高、需求量大的产品或原材料由企业统一组织配送；而各分部之间差异较大的产品或需求量波动大的零星产品，以及配送时间短和临时出现的配送要求，则由各分部自行组织货源并配送，如图1-8所示。

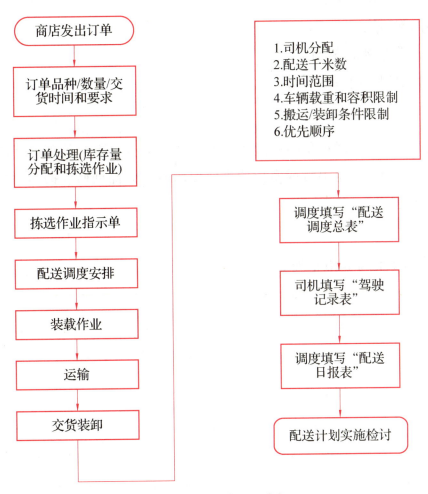

图1-8　配送作业流程

### 7. 流通加工

流通加工是货物在从生产地到使用地的过程中，根据需要施加包装、分割、计量、分拣、刷标志、拴标签、组装等简单作业的总称。

流通加工是为了提高物流速度和货物的利用率，在货物进入流通领域后，按客户的要求进行的加工活动，即在货物从生产者向消费者流动的过程中，为了促进销售、维护产品质量和提高物流效率，对货物进行的一定程度的加工。流通加工通过改变或完善流通对象的形态来实现"桥梁和纽带"的作用，因此流通加工是流通中的一种特殊形式。随着经济的增长和收入的增加，消费者的需求变得多样化，促使在流通领域开展流通加工。目前，世界许多国家和地区的物流中心或仓库经营中都存在大量流通加工业务，尤其是日本、美国等物流较为发达的国家。

流通加工的目的如下：
①适应客户的多样化需求。
②提高产品的附加值。
③规避风险，推进物流系统化。
货物不同，流通加工内容也不同。

### 8. 退货

在经营物流业时，退货或换货不可避免，但应尽量减少，因为处理退货或换货会大幅增加物流成本，减少利润。发生退货或换货的主要原因有瑕疵品回收、搬运中的损坏、商品送错退回、商品过期退回等。

### 补充与链接（其他知识点整理处）

## 岗位案例分析

### 沃尔玛的物流配送业务运作

#### 一、背景介绍

1. 总部与配送中心

沃尔玛的总部在阿肯色州的一个小城市本顿维尔。在不断增长扩大的过程中，虽然也建立了一些新的配送中心，但是沃尔玛的总部仍然在阿肯色州本顿维尔市的配送中心附近。

2. 沃尔玛的门店类型及其各自特点

（1）沃尔玛商场是一个比较常规的、以比较低廉的价格为人们提供日常用品的商场。

（2）除了商场之外，沃尔玛还开设了一类"超级中心"，这些超级中心是由规模较大的商场及附近一些小的副食店加在一起而形成的。这些超级中心里提供了10万多种商品，包括杂货、服装、野营用具和家电。沃尔玛可以提供更快的送货服务和更周到的售后服务，让消费者可以买到更多无法在网络上订购的商品。它们通常24小时营业，也可蜕变为社区聚集地。

（3）在全球，沃尔玛还开设了800多家山姆会员店。这种会员店的购物环境宽敞舒适，利用全球采购资源为客户提供国内外的畅销商品。这些商品采用大包装及复合型包装，可以节省消费者的购物时间。

3. 沃尔玛在物流方面的投入

1999年，沃尔玛在物流方面的投资就达1 600亿美元，因为现在的业务还要继续增长，所以其在物流方面的投资也要同时增长。只要了解一下过去几年中沃尔玛的发展情况，就会明白物流配送在沃尔玛中的重要性，就会明白为什么沃尔玛要花费很大的精力在物流方面投资。

#### 二、沃尔玛物流配送体系的运作

沃尔玛在物流配送体系运作方面具有独特的操作方法，下面结合实例来进一步了解。

(1) 注重与第三方物流公司形成伙伴合作关系。

(2) 挑战"无缝点对点"物流系统。

①为客户提供快速服务。

②为客户提供真正需要的服务。

③高效的物流循环的过程。

④严格的物流业务指导原则。

(3) 自动补发货系统。

沃尔玛之所以能够取得成功，是因为其下属的每个商店都有补发货系统。

（4）物流运输系统。

沃尔玛对车辆的选择很严格，其采用一种尽可能大的卡车，这种卡车使用的是16米长的货柜，比集装箱运输卡车更长或者更高。因为这样有助于降低成本。沃尔玛采用全球定位系统对车辆进行控制。沃尔玛的口号是"安全第一，礼貌第一"。对于沃尔玛来说，运输车辆不出事故，就是节省了公司的费用，就等于降低了成本。

沃尔玛在运输方面的战略和策略是：所有的产品从卡车的底部一直装到顶部，把卡车装得非常满。

### 三、沃尔玛的物流管理信息系统

1. 沃尔玛的计算机网络化

1977年，沃尔玛完成了计算机网络化配置，实现了客户信息—订货—发货—送货的整体化流程，也实现了公司总部与各分店及配送中心之间的快速直接通信。

2. 沃尔玛的商品条形码技术运用

沃尔玛还配合计算机网络系统充分地利用商品条形码技术。利用这套系统，沃尔玛总计节约了60%左右的人工。另外，商品条形码加上便携式扫描仪还可用于控制店内存货量，使公司能更快地规划存货需求，节约再订货所需的时间。

3. 沃尔玛的EDI技术运用

20世纪80年代，沃尔玛开始利用EDI（电子数据交换系统）与供应商建立自动订货系统。该系统又称无纸贸易系统。

沃尔玛还利用更先进的快速反应和联机系统代替采购指令，真正实现了自动订货。这些系统利用条形码扫描和卫星通信与供应商交换每日的商品销售、运输和订货信息。

阅读材料，回答以下问题。

连续数年，沃尔玛都蝉联世界500强之首，这个多年来被生产型企业占领的位置，为什么被零售商业企业沃尔玛占领了呢？你认为物流系统在其中起到了哪些作用？

## 岗位实训任务

### 跟随配送企业完成一项配送业务

**任务要求：**

通过分组方式见习、协助等方法，跟随配送企业完成一项配送业务，从而对配送业务流程形成初步认识。

**任务准备：**

确定配送企业，确定各项配送业务。

**任务步骤：**

(1) 分组。将班上同学分成若干小组，每组 5 人，设组长 1 名，见表 1-11。

表 1-11 分组

| 角 色 | 任 务 |
|---|---|
| 组长 | 协调小组成员，做好任务分工，组织调查活动 |
| 组员 | 听从教师和组长的指挥，按照分工开展活动 |
| 汇报人 | 从小组中选拔一名成员作为汇报员，负责组织汇报材料，制作 PPT，在课堂上汇报 |

(2) 学生填写《岗位任务工单》（表 1-12）中的任务分析、任务执行。

表 1-12 岗位任务工单

| 姓 名 | | 任务名称 | |
|---|---|---|---|
| 班 级 | | 日 期 | |
| 具体内容 | | | |
| 任务分析 | | | |
| 任务执行 | | | |

(3) 按照分组，每组成员参与所在企业的一项配送业务，对配送业务有初步认识，并填写调查内容，见表 1-13。

表 1-13 调查内容

| 企业名称 | 企业主要配送业务 | 参与配送业务 | 参与配送业务内容 | 参与配送业务程序 |
|---|---|---|---|---|
|  |  |  |  |  |
|  |  |  |  |  |
|  |  |  |  |  |

（4）总结。各小组结合所参加的配送实训业务过程进行书面总结。

（5）报告。按照小组顺序，每小组选定的汇报人依次报告小组掌握的情况并进行分析和总结。

教师根据学生报告的情况，依次点评，并结合专业知识回顾所学配送的相关知识，然后由教师和各组组长对各小组的任务完成情况做出成绩评定。

## 总结评价

本任务考评表见表 1-14。

表 1-14 任务考评表

| 项目 | 评价等级及标准 | | | 评价方式（得分） | |
|---|---|---|---|---|---|
| | 优秀<br>（8~10分） | 良好<br>（5~7分） | 仍需努力<br>（1~4分） | 教师（企业导师）评价 | 同学评价 |
| 学习态度 | 课前准备充分，课上积极主动交流、思考并回答问题，努力争取出色地完成任务 | 课前按要求完成预习作业，课上能认真听讲，参与交流，努力完成任务 | 课前未能完成预习作业，课上存在走神现象，在同学的帮助下可以完成任务 | | |
| 任务完成情况 | 完全掌握完成任务所需知识 | 基本掌握本节课所学知识，但对完成任务所需知识掌握得不够熟练 | 能掌握本任务所需知识，但无法进行实际操练 | | |
| 课堂参与程度 | 积极举手发言，积极参与小组的讨论、交流与展示 | 能参与小组活动，并参与任务的分析，能完成任务，但主动性有待提高 | 较少发言，较少参与讨论与交流 | | |
| 自我评价（文字描述）： | | | | | |

项目一 认知配送

**工匠在身边**

**杨春生：每一个包裹都是作品**

每位工匠都有刻骨铭心的匠心记忆，对于快递员杨春生来说，每一个包裹都是他的作品。每天一大早赶到网点，按照客户的需求派送、打包、发货……杨春生在快递员这个平凡的岗位上，用真诚和责任心，让每位客户感受到了安心、暖心。

杨春生在顺丰运输（常州）有限公司工作，初入职时，便遇上了罕见的暴雪。他硬是在冰天雪地里走完了"最后一公里"，将快递交到客户手上。"这也算是一次入职考试吧，我觉得自己完成得还不错。"此后，无论是烈日炎炎的盛夏，还是北风呼啸的寒冬，当别人消遣时，杨春生都在默默无闻、任劳任怨地揽件送件，忙碌奔行在大街小巷，甚至还熬夜坚守岗位。寒来暑往，杨春生基本很少能在家里按时吃上一顿热乎饭菜，披星戴月才是常态。"有时一忙就忘了吃饭，饿得浑身发抖，拿笔给客户签字时，手都在抖。"杨春生说，虽然如此，他还是坚持微笑服务，送完当天最后一个快件再下班。因为在他看来，"急客户之所急、想客户之所想"是快递行业永恒不变的服务宗旨。

在技术竞争、人才竞争白热化的当下，很多人觉得送快递是一种简单的工作，可杨春生有着"人有我优"的技术追求。他在工作中总是不遗余力，精益求精。作为快递行业从业人员，杨春生一直认为技能与知识应该双管齐下，而且坚持在实践中检验和巩固工作经验，不断反思并改进工作方法。这也是他取得"常州市技术能手"荣誉称号的秘诀。

静心、韧劲与热爱铸成了杨春生独有的工匠精神：工作认真负责，对客户热心主动。他常对自己和团队成员说："欲速则不达，送快递就是需要踏踏实实下功夫。不贪多求快，不轻言放弃。"

这个任务对我们以后的学习、工作有什么启发？特别是作为一线操作者，应该具备什么样的职业道德、职业素养和职业精神？

_____

_____

**想一想　练一练**

一、选择题

1. 下列选项中，不属于配送中心的业务流程的是（　　）。

A. 流通加工　　　　　　　　　　B. 订单处理

C. 进货　　　　　　　　　　　　D. 销售

33

2. （　　）是配送中心根据客户的订单要求或配送计划，迅速、准确地将货物从其储位或其他区位拣取出来，并按一定的方式进行分类、集中的作业过程。

A. 拣货作业　　　　　　　　　　　　B. 送货作业

C. 发货计划　　　　　　　　　　　　D. 输出拣货方式

3. 常见的补货方式有（　　）。

A. 整箱补货　　　　　　　　　　　　B. 托盘补货

C. 货架上层　　　　　　　　　　　　D. 定时补货

## 二、判断题

1. 配送作业是按照客户需求，对货物进行分拣、重新包装、贴标签、配货、配装等物流活动，按时按量发送到指定地点的过程。　　　　　　　　　　　　　　　（　　）

2. 退货作业包括接货、卸货、验收入库，然后将有关信息书面化等一系列工作。（　　）

## 三、简答题

1. 试简要分析进货作业的主要流程。
2. 试简要分析订单处理的基本内容及其步骤。

# 项目总结

本项目主要介绍了配送的基本知识和常见的几种配送模式，并结合实际工作中的职业要求，讲解了人们除掌握必备的职业专业能力之外还需具备的职业核心能力，以及配送中心的业务流程。

本项目的主要知识点如下。

### 1. 配送的概念与分类

我国物流界对配送的定义是：按客户的订货要求（时间要求、产品要求、数量要求、地点要求），在物流据点（仓库、商店、货运站、物流中心、配送中心等）进行分拣、加工和配货、包装等作业后，再将配好的货物以最合理的方式送交客户的一种经济活动。

### 2. 配送的特点与作用

（1）配送的特点。

①配送是从物流据点至客户的特殊的送货形式。

②配送运输是短距离的末端运输。

③配送是物流活动的组合体，是"配"和"送"的有机结合。

④配送是一种以供给者送货到客户的服务式商品供应制度。

⑤配送以客户要求为出发点，体现共同受益的原则。

⑥配送是一种专业化增值服务，体现的是规模优势和资源优化。

⑦配送的全过程有现代化的技术和装备作保证。

（2）配送的作用。

①可提高企业物流系统运行的经济效益。

②可简化手续，方便客户。

### 3. 常见的三种配送模式

（1）自营型配送模式。

工商企业为了保证生产或销售的需要，独立出资建立自己的物流配送系统，对本企业所生产或销售的产品进行配送。

（2）第三方配送模式。

工商企业将其供应销售物流业务全部或部分委托给第三方物流公司或配送中心运作。

（3）共同配送模式。

由于配送效率很难提高这种现实，很多中小企业迫切希望联合行动，共同组织配送活动。

### 4. 物流配送行业所需的岗位职业素养以及职业核心能力

职业核心能力是指在人们工作和生活中除专业岗位能力之外取得成功所必需的基本能力。其可分为三个部分：基础核心能力、拓展核心能力和延伸核心能力。

# 项目二

# 进货作业与订单作业

## 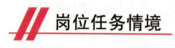 岗位任务情境

### 沃尔玛采购的成功案例

在2002年2月1日之前,沃尔玛并没有从海外直接采购商品,其所有的海外商品都由代理商代为采购。因此,沃尔玛要求当时刚刚加盟的沃尔玛全球副总裁兼全球采购办公室总裁崔仁辅利用半年时间做好准备,并在2002年2月1日接过支撑2 000亿美元营业额的全球采购业务。结果,在紧张的时间里,他不但在全球成立了20多个负责采购的分公司,如期完成了全球同步作业的任务,而且使全球采购业务在一年之后增长了20%,超过了沃尔玛要求的营业额12%的增长率。那么,沃尔玛全球采购业务的秘密是什么?

在沃尔玛,全球采购是指某个国家的沃尔玛商店通过全球采购网络从其他国家的供应商处进货,而从该国供应商处进货则由沃尔玛在该国设立的采购部门负责采购。例如,沃尔玛在中国的商店从中国供应商处进货,由沃尔玛中国公司的采购部门负责,这是本地采购;沃尔玛在其他国家的店铺从中国供应商处采购,就要通过崔仁辅领导的全球采购网络进行,这才是全球采购。

对于企业活动的全球布局,现在比较成熟的组织形式有两种:一是按地理布局;二是按业务类别布局。采用"区域事业部制"有助于企业充分利用该区域的经济、文化、法制、市场等外部环境的机会,其不利之处在于各种业务若要在同一区域实现深耕细作,需要付出很大的成本。而采用"业务事业部制"则不会出现这种情况,具体原因如下。

项目二 进货作业与订单作业

首先,崔仁辅的全球采购网络由大中华及北亚区、东南亚及印度次大陆区、美洲区、欧洲中东及非洲区4个区域组成。其次,在每个区域内按照不同国家设国别分公司,其下再设卫星分公司。国别分公司是具体采购操作的中坚单位,拥有工厂认证、质量检验、商品采集、运输以及人事、行政管理等关系采购业务的全面功能;而卫星分公司则根据商品采购量来决定拥有其中哪一项或哪几项功能。

**想一想:**

沃尔玛为什么要采用上述采购方式,而不选择直接采购?

## 任务一 进货作业

### 岗位任务要求

**知识目标**

1. 掌握进货准备的内容。
2. 掌握准备入库工具和文件的流程。
3. 掌握货物验收的要求和方式,以及相关问题的处理方式。
4. 掌握防霉、防锈等养护方法。

**能力目标**

1. 能熟练调查供应商,正确选定供应商。
2. 能熟练办理入库手续。
3. 能熟练处理货物验收过程中出现的问题。

**素养目标**

结合生产实际,立足本职岗位,培养严谨、认真的工作态度以及按照程序做事的规范。

### 任务分组

任务名称：_____

<table>
<tr><td colspan="6" align="center">任务分组表</td></tr>
<tr><td>班级</td><td></td><td>组号</td><td></td><td>授课教师</td><td></td></tr>
<tr><td>组长</td><td></td><td>学号</td><td></td><td>日期</td><td></td></tr>
<tr><td colspan="6" align="center">组内成员</td></tr>
<tr><td colspan="2" align="center">姓名</td><td colspan="2" align="center">学号</td><td colspan="2" align="center">备注</td></tr>
<tr><td colspan="2"></td><td colspan="2"></td><td colspan="2"></td></tr>
<tr><td colspan="2"></td><td colspan="2"></td><td colspan="2"></td></tr>
<tr><td colspan="2"></td><td colspan="2"></td><td colspan="2"></td></tr>
<tr><td colspan="2"></td><td colspan="2"></td><td colspan="2"></td></tr>
<tr><td colspan="6" align="center">任务分工</td></tr>
<tr><td colspan="6"><br><br><br><br></td></tr>
</table>

### 获取岗位知识

在配送中心、仓库、商店工厂等物流据点，配送的第一道作业环节就是进货，它完成的是配送的集货功能。下面以配送中心为例介绍进货作业的流程。配送中心进货作业主要包括订货、接货、验收和储存四个环节。

## 一、订货

配送中心收到并汇总客户的订单以后，先确定配送货物的种类和数量，再查询管理信息系统看现有库存商品有无所需要的订货商品，如果有现货且数量充足，则转入拣货作业；如果没有现货或现货量不足，则要及时向供应商发出订单，提出订货。另外，为了保证流转速度较快的热门商品及时供货，配送中心也可以根据需求情况提前组织订货。对于商流、物流分离的配送中心，应由客户直接向供应商下达采购订单，而配送中心的进货工作从接货开始。

**1. 选择供应商**

（1）寻找供应商。

为了做好备货准备，首先应该找到足够数量的供应商。寻找供应商的方法有利用公司现有资料、公开征求、经同业介绍、阅读专业刊物、利用协会或采购专业顾问公司、参加产品展示会、用搜索引擎查询、上行业网站查询等。

找到供应商之后，应对其进行充分了解，以便对这些企业作出综合性的评估。需要了解的信息包括公司概况、公司组织架构、产品一览表、各项品质资质证明、QC工程图，供应商品质保证所使用的工具、生产与检验设备一览表、产能报告等。

（2）评审供应商。

①选择与企业要求相适宜的供应商。

②从符合要求的供应商中择优选取，选取的方法有质量优先法和价值优先法两种。

③成立评审小组。

④制订评审计划。

⑤形成供应商审核报告。

（3）选定供应商。

对供应商进行初审、样品验证和重要资料的现场审核之后，企业基本上就可以确定所要合作的供应商了。一般的程序为将确定的供应商列入合格供应商名录，并制订供应商卡片，与之保持物料交易关系，并在日后交货时对其进行考察。

**2. 进货准备**

根据订单所反映的信息，掌握商品到达的时间、品类、数量及到货方式，尽可能准确地预测出到货时间，尽早做出卸货、储位、人力、物力等方面的计划和安排，从而保证整个进货流程的顺利进行，还要提高作业效率，降低作业成本。

（1）储位准备。

仓库货位是仓库内存放货物的具体位置。库场中除了通道、机动作业场地外，就剩下存货的货位了。为了使仓库管理有序、操作规范、存货位置能准确无误地显示出来，应根据仓库结构、功能，按照一定的要求将仓库存货位置进行分割，形成货位。然后给每个货位编号，以便于区分。货位确定并标记后，一般不能随意更改。

按大小的不同，货位可分为场地货位和货架货位。场地货位面积大的可能有几千平方米，货架货位面积可能还不足1平方米。

（2）设备器材的准备。

①验收及验收工具准备：根据货物情况和仓库管理制度，确定验收方法；准备验收所需的点数、数量、测试、开装箱、丈量、移动照明等需要使用的工具。

②装卸搬运工艺设定及工具准备：根据货物、货位、设备条件、人员等情况，科学合理地制订卸车搬运流程，保证作业效率。

③苫垫材料、作业用具准备：相关人员应根据所确定的苫垫方案，准备相应的材料，并组织衬垫铺设作业，将作业所需的用具准备妥当，以方便及时使用。

（3）文件单证准备。

将所需的各种报表、单证、记录本等准备妥当，以备使用，如验收单、物资异常报告单、货物状态卡、入库单、进销存卡、物资保管明细账、日报表等。

## 二、接货

供应商在接到配送中心或客户的订单后，会根据订单要求的品种和数量组织供货，配送中心则组织人力、物力接收货物，有时还需到港、站、码头接运货物。接货的主要工作步骤有卸货、搬运拆装、货物编码与分类等。以下主要介绍货物编码与货物分类。

### 1. 货物编码

进货是配送的第一阶段，为使后续作业顺利进行，对入库资料的掌握特别重要，如包装容器的型号、尺寸和数量，每个包装容器中的货物数量、总重量等，对这些信息应尽可能以统一、简单、易查询的方式进行归纳和整理。货物编码就是一种较好的方式。

所谓货物编码，就是将货物按其内容加以有序编排，用简明的文字、符号或数字代替货物的名称、类别及其他有关资料的一种方式。大部分货物本身已有商品号码和条形码，但为了便于物流管理及存货控制，进货后，配送中心通常需要给商品编制统一的货物代号和物流条形码，以方便仓储管理系统的运作，还可以掌握货物的动向。

（1）货物编码的作用。

①提高货物资料的正确性。

②提高配送活动的工作效率。

③可以利用计算机进行分类整理。

④可以节省人力，减少开支，降低成本。

⑤便于分拣和送货。

⑥降低存货水平。

（2）货物编码的原则。

①简单、易记。编码应尽可能简单，选择的文字、符号、数字或便于记忆，或容易联想。

②完整。货物的编号应能清楚完整地代表货物内容，如品种、规格、颜色、产地等。

③单一。每个编码代表一种货物，不能重复。

④一贯性。各品种货物的号码位数应统一，以方便管理。

⑤延续性。编码时应为将来货物的扩展和规格的增加预留号码空间。

⑥充足性。货物编码所采用的文字、标记及数字必须有足够的数量,从而能够满足各种物资编码的需要。

⑦分类编制。由于货物品种复杂,分类编号有助于区分各种货物。

⑧适应自动化作业。货物编码应能适应自动化机械设备和计算机的处理。

(3) 货物编码的方法。

①延伸式编码。其是指对货物分级的级数不加限制,视编码需要而任意延长。这种编码方法难以排列整齐。

②非延伸式编码。其是指货物分类级数及所用数字均有一定的限制,不能任意扩展。这种编码方法虽能维持排列整齐,但缺乏弹性,难以扩展。

### 2. 货物分类

(1) 货物分类的原则。

①从大类至小类,按统一标准、同一原则区分。

②根据企业自身的需要,选择适用的分类形式。

③有系统地展开,逐次细分,层次分明。

④分类明确且相互排斥,不能互相交叉。

⑤分类方法应具有稳定性,以免货物混乱。

⑥货物分类应有伸缩性,以适应产品种类的增加。

⑦分类应符合常识,便于使用。

(2) 货物分类的方式。

①按照货物特性分类。

②按照货物使用的目的、方法及程序分类,如将需要配送加工的货物划分为一类,将直接原材料划分为一类,将间接原料划分为一类。

③按照交易行业分类。

④按照会计科目分类,如价值很高的货物划分为一大类,价值低的货物划分为一大类。

⑤按照货物状态分类,如按货物的内容、形状、尺寸、颜色、重量等分类。

⑥按照货物信息分类,如按货物送往的目的地类别、客户类别等分类。

## 三、验收

### 1. 商品验收的概念

商品验收是对按照验收业务作业流程,核对凭证等规定的程序和手续,对入库商品进行数量和质量检验的经济技术活动的总称。凡进入仓库储存的商品,必须经过检查验收,只有验收合格的商品,方可入库保管。

### 2. 商品验收的作用

所有到库商品，必须在入库前进行验收，只有在验收合格后方算正式入库。商品验收的必要性体现在两方面，一方面是各种到库商品来源复杂，渠道繁多，从结束其生产过程到进入仓库前会经过一系列的储运环节，受到储运质量和其他各种外界因素的影响，质量和数量可能发生某种程度的变化；另一方面是各类商品虽然在出厂前都经过检验，但有时也会失误，造成错检或漏检，使一些不合格商品按合格商品交货。商品验收的作用主要表现在以下方面。

①商品验收是做好商品保管与保养的基础。

②商品验收记录是仓库提出退货、换货和索赔的依据。

③商品验收是避免商品积压，减少经济损失的重要手段。

④商品验收有利于维护国家利益。

### 3. 商品验收的要求

商品验收是一项技术要求高、组织严密的工作，关系到整个仓储业务能否顺利进行，所以必须做到及时、准确、严格、经济。

### 4. 商品验收的方式

商品验收的方式可分为全验和抽验两种。

（1）全验。在进行数量和外观验收时，一般要求全验。在质量验收时，当批量小、规格复杂、包装不整齐或要求严格验收时可以采用全验。全验需要大量的人力、物力和时间，但是可以保证验收的质量。

（2）抽验。在批量大、规格和包装整齐、存货单位的信誉较高或验收条件有限的情况下，通常采用抽验的方式。商品质量和储运管理水平的提高及数理统计方法的发展，为抽验方式提供了物质条件和理论依据。

商品验收方式和有关程序应该由存货方和保留方共同协商，并在合同中明确写清。

### 5. 商品验收问题的处理方式

商品验收时可能会出现诸如证件不齐、数量短缺、质量不符合要求等问题，应按照不同情况及时处理。

①在验收时，若发现问题商品，则应将其单独存放，妥善保管，防止混杂、丢失、损坏。

②数量短缺在规定磅差范围内的商品，可按原数入账；凡超过规定磅差范围的，应查对核实，做成验收记录和磅码单交由主管部门会同货主向供货单位办理交涉。实际数量多于原发料量的商品，可由主管部门向供货单位退回多发数，或补发货款。如果在商品入库验收过程中出现数量不符的情况，可能是因为发货方在发货过程中发错了商品，或者是在运输过程中漏装或丢失了商品等。在商品入库验收过程中，如果不对数量进行严格检验，或放过了数量短缺的商品，就会造成经济损失。

③当商品质量不符合规定时，应及时向供货单位办理退货、换货交涉，或征得供货单位同意代为修理，或在不影响使用前提下降价处理。当商品规格不符或错发时，应先将规格相符的入库，规格不符的登记验收后交给主管部门办理换货。

④当证件未到或不齐时，应及时向供货单位索取，到库商品应作为待检验商品堆放在待验区，待证件到齐后再进行验收；证件未到之前，不能验收，不能入库，更不能发料。

⑤凡属承运部门造成的商品数量短少或外观包装严重残损等，应凭借运单提货时索取的"货运记录"向承运部门索赔。

⑥对于价格不符的商品，供方多收部分应该拒付，少收部分经过核对后，应及时补足。

⑦凡"入库通知单"或其他证件已到，但在规定的时间未见商品到库的，应及时向主管部门反映，以便于查询处理。

在商品验收过程中，如果发现数量或质量问题，应该严格按照有关制度处理。由于在验收过程中出现的数量和质量问题，可能发生在各个流通环节，也可能是由供货方或交通运输部门或收货方本身的工作造成的，因此按照有关规章制度处理，有利于分清各方责任，并促使有关责任部门吸取教训，改进今后的工作方式。

## 四、储存

### 1. 办理货物入库手续

入库手续主要是指交货单位与库管员之间所办理的交接工作。其中包括商品的检查核对；事故的分析、判定；双方认定；在交库单上签字。仓库不仅要给交货单位签发接收入库凭证，并将凭证交给会计、统计入账、登记；还要安排仓位，提出保管要求。

### 2. 堆码

堆码是指将货物整齐、规则地摆放成货垛的作业。在堆码时，要在货堆之间，货垛与墙、柱之间保持一定距离，留出适宜的通道，以利于货物的搬运、检查和养护。若要把货物保管好，"五距"很重要，即顶距、灯距、墙距、柱距和堆距。

### 3. 货物保管

（1）保管的意义。

保管是指仓库针对货物的特性，结合仓库的具体条件，采取各种科学手段对货物进行养护，防止和延缓货物质量变化的行为。货物保管的目的是保持库存货物的使用价值，最大限度地减少货物的自然耗损，杜绝由于保管不善而造成的货物损失，避免货物失去仓储保管的意义。

保管应遵循"以防为主、防治结合"的保管原则。货物保管的手段主要有经常对货物进行检查测试，及时发现异常情况；合理地对货物进行通风；控制阳光照射；防止雨、雪、水浸湿货物，及时排水除湿；除虫灭鼠，消除虫鼠害；妥善进行温度、湿度控制；防止货垛倒塌；防霉除菌，剔除变质货物；对特殊货物采取有针对性的保管措施等。与此同时，还要按照仓库管理规范，做好防盗、防火等安全防护工作。

（2）保管的方式。

货物保管的主要方式和具体类型见表2-1。

表2-1 货物保管的主要方式和具体类型

| 主要方式 | 具体类型 |
| --- | --- |
| 通风 | 利用库内外温度差使库内热空气上升排出的自然通风方式 |
| | 利用通风机将库内空气排出的机械通风方式 |
| | 利用通风机在库内将空气搅动的机械循环通风 |
| | 将库内空气抽出制冷、除湿后再排入仓库的制冷通风方式 |
| 温、湿度控制 | 掌握仓库各种温、湿度数据 |
| | 记录仓库内外温、湿度变化规律 |
| | 根据货物类型，测定、控制和调节仓库的温、湿度 |
| 防霉变 | 常规防霉 |
| | 药剂防霉 |
| | 气相防霉 |
| 虫害防治 | 杜绝仓库害虫来源 |
| | 物理防治：灯光诱集、高温杀虫、低温杀虫、电离辐射杀虫 |
| | 化学防治：杀虫剂、熏蒸剂、驱避剂 |
| 金属防锈 | 选择适宜的场所、良好的储存环境 |
| | 涂油防锈 |
| | 气相防锈 |
| | 可剥性塑料封存防锈 |

### 补充与链接（其他知识点整理处）

# 项目二 进货作业与订单作业

## 岗位案例分析

### 沃尔玛采购链始末

2016年，夏日已至，沃尔玛的鞋类供货商们开始跃跃欲试。

每年七八月，沃尔玛深圳总部将召开一年一度的冬季商品采购大会，鞋类供货商们纷纷带着今冬可能流行的样鞋前往一试。沃尔玛采购部有一位专门负责采购鞋类的采购员，他将主持这次"选秀"大赛。

赛后，供货商们拿着入选的样鞋回到生产地。通常，沃尔玛的供货商往往也是二级采购商，并不负责生产，而是将订单发到工厂。在温州就有很多这样的工厂间接为沃尔玛提供商品。

大约45天后，按照订单生产的鞋正式下线。例如，温州生产的鞋将由货车运到北京加工厂，在那里，另一个厂商将生产出来的鞋盒送过来。鞋子包装好后，装箱运往沃尔玛天津物流配送中心，在那里进行沃尔玛最重要的质量监督工作。收货窗口点数、箱检，主要检查数量是否正确和是否存在空箱。另外，沃尔玛的相关工作人员必须核对供货商提供商品的生产批号、安全检验证明、专卖商品许可证、防伪标等各种文件，然后再直接对商品进行抽检。待商品入库后，沃尔玛的冬鞋采购就基本完成。随后，冬鞋再经天津物流配送中心发往全国各地。在北方的沃尔玛超市，8月就可以看到薄棉鞋上架。

在检验过程中，对于鞋、箱、包、服装之类的商品，沃尔玛只凭肉眼检查，并没有使用相关设备。比如，对于深圳沃尔玛出现过的问题童装，沃尔玛总部并没有染料方面的质量监测设备，如果供货商提供的质监文件齐全，而服装从外表上也看不出什么问题，那么染料等隐形质量问题也就可以顺利过关了。

因此，从流程上看，供应商是否对商品进行过严格质检，相关质量监督部门出具的文件是否真实有效，就显得至关重要了。

阅读材料，回答以下问题。

1. 尝试画出沃尔玛的采购流程图。
2. 查阅有关资料，分析沃尔玛的采购存在哪些采购问题，并列出产生这些问题的原因。

## 岗位实训任务

### 选择供应商

任务要求：

（1）掌握供应商的选择与评价流程。

（2）掌握供应商的选择指标。

(3) 理解供应商的选择方法。

**任务准备：**

某集团公司拟定新开设一家超市。作为采购部成员，你要先对供应商进行调查，然后制作供应商管理卡片。

在教师的指导下，以小组为单位调查供应商，并通过互联网查找资料，集体讨论和分析，最终得出选择供应商的相关数据。

**任务步骤：**

(1) 学生填写《岗位任务工单》(表2-2) 中的任务分析、任务执行。

表2-2 岗位任务工单

| 姓 名 | | 任务名称 | |
|---|---|---|---|
| 班 级 | | 日 期 | |
| 具体内容 | | | |
| 任务分析 | | | |
| 任务执行 | | | |

(2) 调查供应商的基本情况、商品质量、商品价格，对于本地的供应商还要进行实地调查。

(3) 根据调查结果制作供应商卡片。

(4) 制订供应商考评指标，对每个供应商进行客观评价。

(5) 讨论供应商考评结果，选择供应商。

(6) 分工协作，以小组为单位写出选择供应商的方案，上交纸质文稿及其电子版。

(7) 完成实训记录表（表2-3）的填写。

表 2-3　实训记录表

| 姓名 | | 班级 | | 年　月　日 | | 星期　　第　节 |
|---|---|---|---|---|---|---|
| 指导教师 | | | | 实训地点 | | |
| 实训题目 | | | | | | |
| 实训目标 | | | | | | |
| 实训内容： | | | | | | |
| 实训反思： | | | | | | |
| 教师评语： | | | | | 实训成绩： | |

## 总结评价

本任务考评表见表 2-4。

表 2-4　任务考评表

| 项目 | 评价等级及标准 | | | 评价方式（得分） | |
|---|---|---|---|---|---|
| | 优秀<br>（8~10分） | 良好<br>（5~7分） | 仍需努力<br>（1~4分） | 教师（企业<br>导师）评价 | 同学<br>评价 |
| 学习态度 | 课前准备充分，课上积极主动交流、思考并回答问题，努力争取出色地完成任务 | 课前按要求完成预习作业，课上能认真听讲，参与交流，努力完成任务 | 课前未能完成预习作业，课上存在走神现象，在同学的帮助下可以完成任务 | | |

续表

| 项目 | 评价等级及标准 | | | 评价方式（得分） | |
|---|---|---|---|---|---|
| | 优秀<br>（8~10分） | 良好<br>（5~7分） | 仍需努力<br>（1~4分） | 教师（企业导师）评价 | 同学评价 |
| 任务完成情况 | 完全掌握完成任务所需知识 | 基本掌握本节课所学知识，但对完成任务所需知识掌握得不够熟练 | 能掌握本任务所需知识，但无法进行实际操练 | | |
| 课堂参与程度 | 积极举手发言，积极参与小组的讨论、交流与展示 | 能参与小组活动，并参与任务的分析，能完成任务，但主动性有待提高 | 较少发言，较少参与讨论与交流 | | |
| 自我评价（文字描述）： | | | | | |

这个任务对我们以后的学习、工作有什么启发？特别是作为配送进货岗位员工，应该具备什么样的职业道德、职业素养和职业精神？

_____

_____

 **想一想　练一练**

### 问答题

1. 进货作业程序包括哪些步骤？
2. 商品验收经常会遇到哪些问题？应怎样处理？
3. 货物的保管方式有哪些？

## 任务二 订单作业

### 岗位任务要求

**知识目标**

1. 熟悉订单接收的基本流程。
2. 掌握与客户签订订单的程序与内容。
3. 掌握缺货处理的几种方法。

**能力目标**

能熟练处理客户订单进行。

**素养目标**

立足本职岗位，填制单据时具备严谨、规范的工作态度，做好物流和信息流的贯通。

### 任务分组

任务名称：_____

| 任务分组表 | | | | | |
|---|---|---|---|---|---|
| 班级 | | 组号 | | 授课教师 | |
| 组长 | | 学号 | | 日期 | |
| 组内成员 | | | | | |
| 姓名 | | 学号 | | 备注 | |
| | | | | | |
| | | | | | |
| | | | | | |
| | | | | | |
| 任务分工 | | | | | |
| | | | | | |

## 获取岗位知识

订单处理作业是实现企业客户服务目标最重要的环节之一，使配送服务质量得到保障，提供订单处理全程信息跟踪，可大幅度提高客户满意度，还能降低库存水平和配送总成本，使配送中心获得竞争优势。

### 一、订单处理作业的含义

配送中心与其他经济实体一样，具有明确的经营目标和服务对象。在配送中心进行规划建设与开展配送活动之前，必须根据订单信息对客户分布、商品特性及品种数量、送货频率等进行分析，以确定所要配送货物的种类、规格、数量和配送时间等。因此，订单是配送中心开展配送业务的依据，订单处理则是配送中心组织、调度的前提，是其他各项作业的基础，同时又贯穿配送业务的始终，是关键的核心业务。订单处理既是配送中心作业的开端，也是整个信息流作业的起点。订单处理不仅把上下游企业紧密地联系在一起，而且处理输出的各种信息，指导着配送中心内部的采购管理、库存管理和储存、拣货、分类集中、流通加工、配货核查、出库配装、送货及货物的交接等各项作业有序高效地展开。

订单处理是有关客户和订单的资料确认、存货查询和单证处理等活动〔《中华人民共和国国家标准物流术语》（GB/T 22126—2008）〕。其是指从接到客户订货开始到准备着手拣货为止的作业阶段，对客户订单进行品项数量、交货日期、客户信用度、订单金额、加工包装、订单号码、客户档案、配送货方法和订单资料输出等的一系列的技术工作。

订单处理可通过人工或计算机信息处理系统来完成，人工处理比较具有弹性，但只适合少量的订单，一旦订单数量稍多，处理就将变得缓慢且容易出错，而计算机处理不但速度快而且成本低，差错极少，适合大量的订单。

配送中心订单处理模式通常为订单准备、订单传递、订单登录、按订单供货、订单处理状态追踪，如图2-1所示。

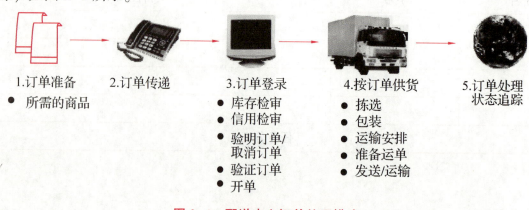

图2-1 配送中心订单处理模式

## 二、订单内容

### 1. 订单内容的分类

为了提高订单信息处理的速度，订单内容的设计要实用、简洁，尽量避免重复。订单档一般可分为订单表头档和订单明细档，如图2-2所示，分别记录订单整体性信息和订货品项的详细信息。当客户订单被分割或汇总处理时，两者可借助关键信息来连接，如订单号。各配送中心可根据订单处理系统的要求自行设计内容与格式，某客户订单示例见表2-5。

```
订单表头档              订单明细档
订单号                  订单号
送货日期                商品代码
订货日期                商品名称
客户代号                商品规格
客户名称                商品单价
客户采购单号             订购数量
送货日期                订购单位
送货地址                金额
配送批次                折扣
付款方式                交易类别
业务员号
配送要求
订单型态
备注
```

图2-2 订单表头档和订单明细档

表2-5 某客户订单示例

No.：××××018

| 订货单位：华润万家超市××店 ||||||| 电话：×××××××××× |||
| 地址：××市××区××街111号 ||||||| 订货日期：2013年6月18日 |||
| 序号 | 品名 | 规格 | 数量/箱 | 重量/kg | 体积/cm³（长×宽×高） | 单位/元 | 总价/元 | 备注 |
| 1 | 福光柴鸡蛋 | 60枚礼盒 | 20 | 3 | 30×18×15 | 55 | 1 100 | |
| 2 | 蒙牛酸牛奶 | 18袋百利包 | 10 | | | | | |
| 3 | 金龙鱼色拉油 | 4桶，5L | 25 | | | | | |
| ⋮ | …… | | | | | | | |
| 合　计 | | | | | | | | |
| 交货日期：2013年6月19日下午4：30前 |||||||||
| 交货地点： |||||||||
| 订单形态：□一般交易　□现销式交易　□间接交易　□合约交易　□寄库交易　□其他 |||||||||
| 加工包装： |||||||||
| 配送方式：□送货　□自提　□其他 |||||||||
| 客户信号：□一般　□二级　□三级　□四级　□五级 |||||||||
| 付款方式： |||||||||
| 特殊要求： |||||||||

制单：　　　　　　　　　　　　　　　　　　　　　　　　　　审核：

## 2. 订单相关档案资料

在处理订单数据时，可能需要用到某些相关资料，才能使整个订单处理作业一体化。订单相关档案资料说明见表2-6。

表2-6 订单相关档案资料说明

| 序号 | 相关档案资料 | 说　明 |
|---|---|---|
| 1 | 客户资料 | 实用、完整的客户资料有助于配送中心对市场预测做出正确分析，有利于及时处理配送过程中出现的问题，可以提高工作效率与服务水平 |
| 2 | 商品资料 | 替代性商品、商品价格结构、最小订货单位、单位换算、商品单位体积及物流单位重量等资料 |
| 3 | 库存资料 | 已采购未入库资料、可分配量、已分配量等资料 |
| 4 | 促销信息 | 赠品、兑换券、价格/数量折扣等信息 |
| 5 | 客户寄存资料 | 客户大量订购但还未出货的资料 |
| 6 | 流通加工资料 | 客户要求分装、重新包装（如礼盒），或赠品包装情况等资料 |
| 7 | 客户应收款资料 | — |

## 三、订单作业内容

有专家称，20世纪60年代的企业靠成本取胜，20世纪80年代的企业靠质量取胜，21世纪的企业则要靠速度取胜。这里的速度是指对订单的反应速度。国外研究机构的调研结果表明，与订单准备、订单传输、订单录入、订单履行相关的物流活动占整个订单处理周期的50%~70%。所以，配送中心要认真管理订单处理作业过程中的各项活动。订单处理作业包括接收客户订单、客户订单确认、建立客户档案、存货查询与分配、缺货处理、订单资料处理输出6个主要环节。订单处理作业的部分流程如图2-3所示。

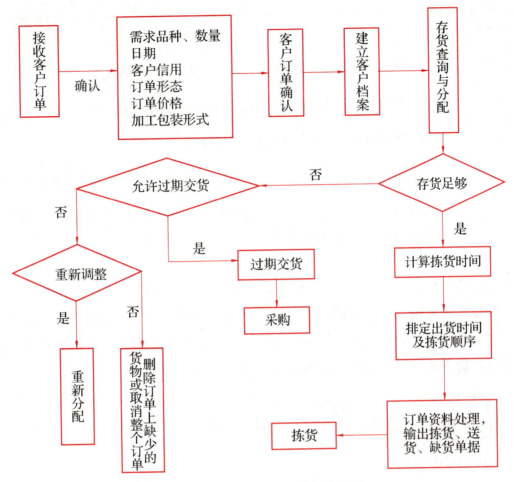

图 2-3 订单处理作业的部分流程

**1. 接收客户订单**

接收客户订单是订单处理作业的第一个步骤，配送中心接收客户订货的方式主要有传统订货方式和电子订货方式两大类。随着流通环境及科技的发展，接收客户订货的方式也逐渐由传统的人工下单、接单，演变为计算机间直接送、收订货信息的电子处理方式。

（1）传统订货方式。

传统订货方式及其具体操作见表2-7。

表 2-7 传统订货方式及其具体操作

| 传统订货方式 | 具体操作 |
| --- | --- |
| 厂商补货 | 供应商将商品放在车上，一家家送货，缺多少补多少。周转率较高或新上市的商品较常使用 |
| 厂商巡货、隔日送货 | 供应商派巡货人员前一天先至各客户处巡查需要补充的商品，隔天再进行补货操作 |

续表

| 传统订货方式 | 具体操作 |
|---|---|
| 电话口头订货 | 订货人员将商品名称及数量，以电话口述方式向厂商订货 |
| 传真订货 | 客户将缺货资料整理成书面资料，利用传真机发送给厂商 |
| 邮寄订单 | 客户将订货表单或订货磁片邮寄给供应商 |
| 客户自行取货 | 客户自行到供应商处看货、取货。此种方式多为以往传统杂货店因地域较近而采用 |
| 业务员跑单、接单 | 业务员至各客户处推销商品，而后将订单带回或紧急时先打电话联系公司告知相关人员准备客户订单中的商品 |

不论利用上述何种方式订货，都需要记录和建档工作，而完成这些工作不仅需要人工输入资料，而且经常重复输入、重复填写，在输入、输出的过程中难免会耽误时间或产生错误，造成浪费。在现今，客户更趋向于多品种、小批量、高频度的订货，且要求快速、准确无误地配送，传统订货方式（图2-4）已逐渐无法满足客户的需求。

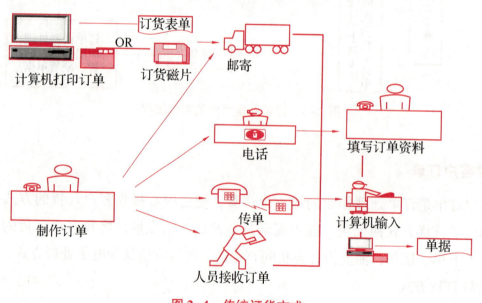

图2-4 传统订货方式

（2）电子订货方式。

电子订货是通过电子传递方式取代传统人工书写、输入、传送的一种订货方式。它将订货资料转化为电子资料的形式，再使用网络传送发送。电子订货方式有3种，见表2-8。

表2-8 电子订货方式

| 电子订货方式 | 订货簿或货架标签配合手持终端机及扫描器 | 销售终端（Point of Sale，POS） | 订货应用系统 |
|---|---|---|---|
| 具体操作 | 订货人员携带订货簿及手持终端机及扫描器巡视货架，若发现缺货，则用扫描器扫描订货簿或货架上的商品标签，再输入订货数量，然后利用计算机将订货资料传给总公司或供应商 | 客户设定安全存量，每当销售一批商品时，计算机自动扣除该商品库存，当库存低于安全存量时，即自动产生订货资料，将此订货资料确认后即可通过网络传给总公司或供应商 | 客户信息系统里若安装了订单处理系统，可将订货应用系统产生的订货资料转换成与供应商约定的共通格式，在约定时间内将资料传送过去 |

经应用实践，电子订货的优点有：对于销售零售业而言，下单快速、便捷且正确率高；商品库存适量化，只订购所需数量，可分多次下单；完全适应多品种、小批量和高频率的订货方式；缩短了交货时间，减少了因交货出错的缺货概率和进货、验货作业；对于供应商而言，简化了接单作业，缩短了接单时间，减少了人工处理错误，使接单作业更加快捷、准确和简便；减少了退货处理作业；满足客户多品种、小批量和高频率的订货要求；缩短交货时间。

**2. 客户订单确认**

（1）确认货物名称、数量及日期。

对订单资料进行基本检查。尤其当要求送货时间有问题或出货日期已延迟时，相关工作人员更需要再与客户确认一下订单内容或调整期望送达时间。

（2）确认客户信用。

确认客户信用即核查客户的财务状况，确定其是否有能力支付该件订单的账款。通常的做法：检查客户的应收账款是否已超过其信用额度，可通过输入客户代号（名称）、订购商品资料两种途径查询。

(3) 确认订单形态。

由于客户的需求不同，配送中心处理订单的方式也有所区别，具体到接收订货业务上，就产生了多种订单交易形态及相应的处理方式，见表2-9。

**表2-9 订单形态及其处理方式**

| 订单类别 | 含 义 | 具体处理方法 |
| --- | --- | --- |
| 一般交易订单（常见订单） | 接单后按正常的作业程序拣货、出货、配送、收款结账的交易订单 | 接单后，将资料输入订单处理系统，按正常的订单处理程序处理，资料处理完后进行拣货、出货、配送、收款结账等作业 |
| 现销式交易订单 | 与客户现场交易、直接给货的交易订单 | 订单资料输入前就已把货物交给了客户，故订单资料不需再参与拣货、出货、配送等作业，只需记录交易资料，以便收取应收款项 |
| 间接交易订单 | 客户向物流中心订货，但由供应商直接配送给客户的交易订单 | 接单后，将客户的出货资料传给供应商由其代为配送。如果送货单是客户自行制作的或委托供应商制作的，应对出货资料（送货单回执）加以核对确认 |
| 合约式交易订单 | 与客户签订配送契约的交易订单，如签订在某时间内定时配送某数量的商品的交易订单 | 约定送货日到时，将该资料输入系统处理以便出货配送；或一开始输入合约内容并设定各批次送货时间，在约定日到时系统自动处理 |
| 寄库式交易订单 | 客户因促销、降价等市场因素而先行订购某数量商品，以后再根据需要要求出货的交易订单 | 当客户要求配送寄库商品时，系统检核是否确实，若有，则出货时要从此项商品的寄库量中扣除。注意，此项商品的交易价格是根据客户当初订购时的单价计算的 |
| 兑换券交易订单 | 客户使用兑换券兑换商品的交易订单 | 配送客户凭兑换券兑换的商品时，系统应查核是否属实，若有，则根据兑换的商品及兑换条件出货，并收回客户的兑换券 |

(4) 确认订货价格。

由于客户（大盘、中盘、零售）不同、订购量不同，可能存在不同的售价，因此将价格输入系统时应加以核对。

(5) 确认加工包装。

客户对于订购的商品是否有特殊的包装、分装或贴标签等要求，或是有关赠品的包装等资料都需要详细确认并记录。

(6) 设定订单号码。

每一张订单都要有其单独的订单号码,而且所有配送工作说明单和进度报告上均应附此号码。

### 3. 建立客户档案

将客户信息详细记录,不但能让此次交易更容易进行,还有利于增加以后的合作机会。客户档案应包含订单处理需要用到的及与物流作业相关的资料。

①客户名称、代号、等级形态(产业交易性质)。

②客户信用额度。

③客户销售付款及折扣率的条件。

④开发或负责此客户的业务员。

⑤客户配送区域。例如,省、市、县及城市各区域等,按照地理位置或相关特性将客户分类于不同区域将有助于提升管理及配送的效率。

⑥客户收货地址。

⑦客户点配送路径顺序。其是指按照区域、街道、客户位置,为客户分配适当的配送路径顺序。

⑧客户点适合的车辆形态。其是指客户所在地点的街道对车辆大小是否有所限制。

⑨客户点卸货特性。由于建筑物本身或周围环境的特性(如地下室有限高或高楼层),可能造成卸货时需求及难易程度的不同,在车辆及工具的调度上应加以考虑。

⑩客户配送要求。其是指客户对于送货时间的特定要求或协助上架、贴标签等的要求。

⑪过期订单处理指示。若客户能统一决定每次延迟订单的处理方式,则可事先将其写入资料档案,以省去临时询问或需紧急处理时的不便。

客户档案有多种形式,配送中心可根据订单处理系统的要求自行设计,相关示例见表2-10。

表2-10 客户档案示例

| 编制日期: | 片区: | 新客户标志: | 业务员: |
|---|---|---|---|
| 客户全称: | | 客户编号: | |
| 单位详细地址: | | | |
| 法人代表: | | 联系电话: | |
| 订(供)货负责人: | | 联系电话: | |
| 送货地址: | | | |
| 送货车辆形态: | | | |
| 客户点卸货特性: | | | |

续表

| 客户配送要求： | | | |
|---|---|---|---|
| 客户销售付款： | | 折扣率的条件： | |
| 过期订单的处理方式： | | | |
| 其他说明： | | | |
| 企业规模 | | 注册类型 | |
| 单位类别 | | 隶属关系 | |
| 上年固定资产值 | | 上年总产值 | |
| 潜在购买力 | | | |
| 往年信用情况说明 | | | |
| 今年信用完成能力分析 | | | |
| 受信等级 | □一级　□二级　□三级　□四级　□五级 | | |
| 去年销售情况： | | 去年贷款回笼情况： | |
| 今年销售计划： | | 今年回笼计划： | |
| 与我司合作历史： | | 主要竞争对手： | |
| 今年销售方案说明： | | | |
| 备注： | | | |

### 4. 存货查询与分配

（1）存货查询。

确认库存是否能够满足客户需求的操作又称"事先拣货"。存货档案的资料一般包括商品名称、代码、商品描述、库存量、已分配存货、有效存货及期望送货时间。查询存货档案资料时应查看该种商品是否缺货，若缺货，则应提供商品资料或此缺货商品是否已经采购但未入库等信息，以便于接单人员与客户协调是否改订其他商品或是允许延后出货等，以提高工作人员的接单率和接单处理效率。

（2）分配存货。

订单资料输入系统且确认无误后，最主要的处理作业在于如何对大量的订货资料进行最有效的汇总分类、调拨库存处理，以便后续的物流作业能够有效进行。存货分配的两种模式如下。

①单一订单分配。此种情况多为线上即时分配，即在输入订单资料时，就将存货分配给该订单。

②批次分配。将已输入的订单资料汇总后，再一次分配库存。配送中心因订单数量多、客户类型等级多，且每天配送次数固定，因此通常进行批次分配，以确保按最佳方式分配库存。但需注意订单分批灵活处理的原则与方法，见表2-11。

表 2-11 订单批次分配的处理原则与方法

| 批次划分原则 | 处理方法 |
| --- | --- |
| 按接单时序划分 | 将整个接单时段划分成几个区段，若一天有多个配送批次，可配合配送批次，将订单按接单先后分为几个批次处理 |
| 按配送区域或路径划分 | 将同一配送区域或路径的订单汇总后合并处理 |
| 按流通加工需求划分 | 将需要加工处理或相同流通加工处理的订单汇总后合并处理 |
| 按车辆需求划分 | 若配送商品需要特殊的配送车辆（如低温车、冷冻车、冷藏车）或根据客户所在地卸货特性需要特殊形态车辆，可在汇总后合并处理 |

## 5. 缺货处理

若现有存货数量无法满足客户需求，且客户又不愿订购其他商品时，则可按照图 2-5 中的方法处理。

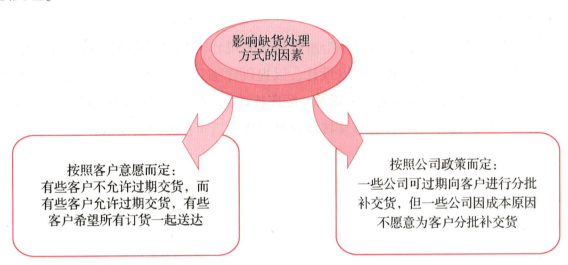

图 2-5 影响缺货处理方式的因素

配合上述客户意愿与公司政策，缺货处理方式及说明归纳见表 2-12。

表 2-12 缺货处理方式及说明

| 缺货处理方式 | 具体说明 |
| --- | --- |
| 重新调拨 | 若客户不允许过期交货，而公司也不愿失去此客户订单时，则有必要重新分配订单 |
| 补交货 | 若客户允许不足额的订货等待有货时再予补送，且公司政策也允许，则采取"补送"方式处理。若客户允许不足额的订货或整张订单留下与下一次订单一起配送，则也采取"补送"方式处理 |

**续表**

| 缺货处理方式 | 具体说明 |
|---|---|
| 删除不足额订单 | 若客户允许不足额订单可等待有货时再补送，但公司政策并不希望分批出货，则只好删除不足额的订单。<br>若客户不允许过期交货，且公司也无法重新调拨，则可考虑删除不足额的订单 |
| 延迟交货 | 有时限延迟交货：客户允许一段时间的过期交货，且希望所有订单一同配送。<br>无时限延迟交货：不论需等多久，客户皆允许过期交货，且希望所有订货一同送达，则等待所有订货到达后再出货 |
| 取消订单 | 若客户希望所有订单一同配达，且不允许过期交货，而公司也无法重新调拨，则只能取消整张订单 |

**6. 订单资料处理输出**

订单资料经由上述处理后，即可开始打印出货单据，然后进行后续的物流作业。

（1）拣货单。

拣货单（出库单）可提供商品出库指示资料，并可作为拣货的依据。拣货单需配合配送中心的拣货策略及拣货作业方式来加以设计，以提供详细且有效率的拣货信息，便于拣货的进行。表2-13所示为分户拣货单（采用单一顺序拣选）、表2-14所示为品种拣货单（采用批量拣选方式）、表2-15所示为分货单（按品种批量拣取后再按客户的需求分货）的示例。

**表2-13　分户拣货单**

| 拣货单编号 | | | | 客户订单编号 | | | | |
|---|---|---|---|---|---|---|---|---|
| 客户名称 | | | | | | | | |
| 出货日期 | | | | | 出货货位号 | | | |
| 拣货时间 | 年　月　日　时　分至　时　分 | | | | 拣货人 | | | |
| 核查时间 | 年　月　日　时　分至　时　分 | | | | 核查人 | | | |
| 序号 | 储位号码 | 商品名称 | 规格型号 | 商品编码 | 数量（包装单位） | | | 备注 |
| | | | | | 托盘 | 箱 | 单件 | |
| 1 | | | | | | | | |
| 2 | | | | | | | | |
| 3 | | | | | | | | |
| 4 | | | | | | | | |
| 5 | | | | | | | | |

表2-14 品种拣货单

| 拣货单号 | | 数量（包装单位） | | | 储位号码 | |
|---|---|---|---|---|---|---|
| 商品名称 | | 托盘 | 箱 | 单件 | | |
| 规格型号 | | | | | | |
| 商品编码 | | | | | | |
| 拣货时间 | | 年 月 日 时 分至 时 分 | | | 拣货人 | |
| 核查时间 | | 年 月 日 时 分至 时 分 | | | 核查人 | |
| 序号 | 订单编号 | 客户名称 | 单位 | 数量 | 出货货位 | 备注 |
| 1 | | | | | | |
| 2 | | | | | | |
| 3 | | | | | | |

表2-15 分货单

| 分货单编号 | | | 数量（包装单位） | | | |
|---|---|---|---|---|---|---|
| 商品名称 | | | | | | |
| 规格型号 | | | 托盘 | 箱 | 单件 | |
| 商品编码 | | | | | | |
| 生产厂家 | | | 储位编码 | | | |
| 分货时间 | | 年 月 日 时 分至 时 分 | 分货人 | | | |
| 核查时间 | | 年 月 日 时 分至 时 分 | 核查人 | | | |
| 序号 | 订单编号 | 客户名称 | 数量（包装单位） | | | 出货货位 | 备注 |
| | | | 托盘 | 箱 | 单件 | | |
| 1 | | | | | | | |
| 2 | | | | | | | |
| 3 | | | | | | | |

随着拣货、储存设备的自动化，传统的拣货单形式已不符合需求，利用计算机、通信等方式处理显示拣货信息的方式已取代部分传统的拣货表单，如配有电子标签的货架、拣货台车以及自动存取的自动化立体仓库等。采用这些自动化设备进行拣货作业时，需注意拣货信息的格式与设备显示器的配合以及系统与设备间的信息传送及处理。

（2）送货单。

物品交货配送时，通常需附上送货单据给客户清点签收。因为送货单主要是让客户签收和确认的出货资料，所以其正确性及明确性很重要。表2-16所示为送货单示例。

表 2-16 送货单示例

| 收货单位 | | | | 送货人员 | | | |
|---|---|---|---|---|---|---|---|
| 送达地点 | | | | 送货时间 | | | |
| 发运物品详细内容 | | | | | | | |
| 商品名称 | 型号 | 规格 | 单位 | 数量 | 单价 | 总额 | 备注 |
| | | | | | | | |
| | | | | | | | |
| | | | | | | | |
| 有关说明 | | | | | | | |
| 收货方<br>验收情况 | 验收人员 | | | 收货方<br>负责人<br>签字 | 负责人 | | (公章) |
| | 日　　期 | | | | 日　　期 | | |

说明：此送货单一式三联，第一联为货到目的地后用作签收用，第二联送仓储部提货用，第三联送财务办理结算用，并由送货人员带回交给部门主管。

（3）缺货资料。

库存分配后，对于缺货的商品或缺货的订单资料，系统应提供查询或报表打印功能，以便相关人员处理。

①库存缺货商品：提供按照商品类别或供应商类别查询出的缺货商品资料，以提醒采购人员紧急采购。

②缺货订单：提供按照客户类别或外务人员类别查询的缺货订单资料，以便相关人员处理。

### 补充与链接（其他知识点整理处）

## 岗位案例分析

### 沃尔玛跨境电商平台订单处理和运输常见问题

1. 我不小心将订单标记为已发货，该怎么办？

订单被标记为已发货后，客户需要为其订单付费，并且不能对采购订单（Purchase Order, PO）进行进一步操作。供应商必须在提交运输信息之前验证其库存和运输信息。如果不小心将订单标记为已发货并且无法履行订单（如缺货），请与合作伙伴支持部门联系并给客户退款。

2. 客户如何收到已发货订单的跟踪详细信息？

在供应商将其 PO 标记为已发货并提供有效的跟踪信息后，沃尔玛会将跟踪详细信息通过电子邮件发送给客户。

3. 我收到了包含错误商品详情的订单，该怎么办？

如果您收到的商品信息不正确（如 SKU 错误或成本/价格不符合），则不应发货。将 PO 置于"无法识别"状态，并验证供应商中心的商品信息是否正确。如果系统中显示的成本或价格不正确，您需要联系类别专家（买方）。一旦信息得到纠正（或者您的供应商中心账户中的详细信息正确），请创建一个合作伙伴支持案例，他们可以使用更新后的详细信息重新安排 PO。

4. 我可以在发货后修改订单的跟踪号吗？

重要提示：所有供应商（使用 EDI 连接的供应商除外）可以在将供应商中心的 PO 更新为发货状态后最多 4 小时编辑承运方法和跟踪编号——订单管理。在"订单管理"中，选择要更新的 PO，然后单击"编辑"按钮。4 小时后将禁用编辑选项，您将无法更改供应商中心的跟踪编号。如果 4 小时后（和 EDI 供应商）想修改订单跟踪信息，请与合作伙伴支持部门联系，通知他们更新信息。请提供 PO 和有效的跟踪信息，他们将在订单中说明相关情况，如果客户联系在线客服，则会给出更新后的跟踪编号。

阅读材料，回答以下问题。

（1）请你简要描述沃尔玛配送中心在订单处理方面存在的问题。

（2）沃尔玛准备提高拣货效率，你认为在订单处理环节可采取哪些措施？请简要介绍对你提出的措施。

## 岗位实训任务

### 订单作业实训

任务要求：

根据给出的订购单、商品分类单、拣货单等单据，对客户的要求进行单据处理。

**任务准备：**

将学生分为几个小组，每组成员分别按客户、业务员、信息员、主管的身份进行单据处理，角色可轮换。各种单据附表见表2-17~表2-21。

**表 2-17 订购单**

订货单位： 　　　　　　　　　地址：

电　　话： 　　　　　　　　　订货日期： 　　　　　　　No.＿＿＿＿＿＿

| 序号 | 品名 | 规格 | 单位 | 数量 | 重量 | 单价 | 总价 |
|---|---|---|---|---|---|---|---|
|  |  |  |  |  |  |  |  |
|  |  |  |  |  |  |  |  |
|  |  |  |  |  |  |  |  |
|  |  |  | 合计 |  |  |  |  |
| 交货时间 |  |  |  |  |  |  |  |
| 交货地点 |  |  |  |  |  |  |  |

制单：（签字）　　　　　　　业务员：（签字）　　　　　　　审核：（签字）

**表 2-18 商品分类表**

| 序　号 | 商品名称 | 总需求量 |
|---|---|---|
|  |  |  |
|  |  |  |
|  |  |  |

**表 2-19 拣货单**

需方名称： 　　　　　　　拣货单号： 　　　　　　　拣货时间：

拣货员： 　　　　　　　　复点员： 　　　　　　　　出货日期：

| 序号 | 储位号码 | 商品名称 | 商品代号 | 规格 | 数量 | 重量 | 备注 |
|---|---|---|---|---|---|---|---|
|  |  |  |  |  |  |  |  |
|  |  |  |  |  |  |  |  |
|  |  |  |  |  |  |  |  |

项目二　进货作业与订单作业

表 2-20　出库单

客户名称：　　　　发货仓库：　　　　出库单号码：　　　　发货日期：

| 序号 | 品　名 | 规格及型号 | 数　量 | 重　量 |
|---|---|---|---|---|
|  |  |  |  |  |
|  |  |  |  |  |
|  |  |  |  |  |

仓库主管：（签字）　　　　　　　　　　　　　　　　提货人：（签字）

（说明：此出库单一式四联，第一联为存根，第二联为仓库留存，第三联为财务核算用，第四联为提货人留存。）

表 2-21　送货单

送货单位：　　　　送货单号码：　　　　送货时间：
收货单位：　　　　收货时间：　　　　收货人：（签字）

| 序号 | 品名 | 规格及型号 | 数量 | 重量 | 单价 | 总价 |
|---|---|---|---|---|---|---|
|  |  |  |  |  |  |  |
|  |  |  |  |  |  |  |
|  |  |  |  |  |  |  |
| 合计 | | | | | | |

**任务步骤：**

（1）学生填写《岗位任务工单》（表 2-22）中的任务分析、任务执行。

表 2-22　岗位任务工单

| 姓　名 | | 任务名称 | |
|---|---|---|---|
| 班　级 | | 日　期 | |
| 具体内容 | | | |
| 任务分析 | | | |
| 任务执行 | | | |

（2）客户填写"订购单"（如客户1就做客户1的订购单）；任选一种商品做出"品种拣货单"（如选择商品"白面"，则只需做出白面的"品种拣货单"）。

（3）业务员填写客户资料卡片，完成订货单的确认工作。

（4）信息员填写订购"商品分类表""拣货单""出库单"。

（5）主管充当配送主管和仓库主管两个角色，并对相关单据进行审核签字，整理本组成果并上交。

（6）核查配送中心资料单，包括在库商品信息（表2-23）、在途商品信息（表2-24）和各客户订单一览表（表2-25）。

表2-23 在库商品信息

| 序号 | 商品名称 | 规格及包装方式 | 库存数量 |
| --- | --- | --- | --- |
| 1 | 大米 | 25kg/袋 | 300 |
| 2 | 白面 | 25kg/袋 | 250 |
| 3 | 色拉油 | 5L/桶，6桶/箱 | 60 |
| 4 | 火腿肠 | 100根/箱 | 50 |
| 5 | 土豆 | 散装，单位：kg | 100 |
| 6 | 西红柿 | 散装，单位：kg | 50 |
| 7 | 鸡蛋 | 散装，单位：kg | 30 |
| 8 | 粉丝 | 散装，单位：kg | 20 |

表2-24 在途商品信息

| 序号 | 商品名称 | 规格及包装方式 | 进货数量 | 到货时间 |
| --- | --- | --- | --- | --- |
| 1 | 大米 | 25kg/袋 | 500 | 4月30日10点 |
| 2 | 白面 | 25kg/袋 | 600 | 4月30日10点 |
| 3 | 色拉油 | 5L/桶 | 200 | 4月29日15点 |
| 4 | 火腿肠 | 100根/箱 | 80 | 4月29日15点 |
| 5 | 土豆 | 散装，单位：kg | 150 | 4月30日15点 |
| 6 | 西红柿 | 散装，单位：kg | 120 | 4月30日15点 |
| 7 | 鸡蛋 | 散装，单位：kg | 80 | 4月29日15点 |
| 8 | 粉丝 | 散装，单位：kg | 40 | 4月29日15点 |
| 9 | 猪肉 | 散装，单位：kg | 230 | 4月30日10点 |
| 10 | 鸡肉 | 散装，单位：kg | 160 | 4月30日10点 |
| 11 | 白菜 | 散装，单位：kg | 300 | 4月29日15点 |

表2-25 客户订单一览表

| 序号 | 客户名称 | 商品名称 | 数量 | 价格 | 送货时间 | 客户位置 |
|---|---|---|---|---|---|---|
| 1 | A | 白面 | 40袋 | 2.6元/kg | 4月29日 11点前 | 第一食堂 |
| | | 鸡蛋 | 17kg | 6.1元/kg | | |
| | | 西红柿 | 22kg | 4.3元/kg | | |
| | | 火腿肠 | 15箱 | 1元/根 | | |
| | | 白菜 | 20kg | 1.2元/kg | | |
| | | 猪肉 | 15kg | 17元/kg | | |
| 2 | B | 白面 | 50袋 | 2.6元/kg | 4月29日 11点前 | 第一食堂 |
| | | 粉丝 | 15kg | 6.2元/kg | | |
| | | 土豆 | 60kg | 5元/kg | | |
| | | 色拉油 | 5桶 | 6元/kg | | |
| | | 猪肉 | 25kg | 17元/kg | | |
| 3 | C | 大米 | 50袋 | 2.4元/kg | 4月29日 17点前 | 第一食堂 |
| | | 白面 | 30袋 | 2.6元/kg | | |
| | | 色拉油 | 10桶 | 6元/kg | | |
| | | 粉丝 | 16kg | 6.2元/kg | | |
| | | 鸡肉 | 20kg | 10元/kg | | |
| | | 猪肉 | 25kg | 17元/kg | | |
| | | 西红柿 | 20kg | 4.3元/kg | | |
| | | 鸡蛋 | 13kg | 6.1元/kg | | |
| 4 | D | 大米 | 70袋 | 2.4元/kg | 4月29日 17点前 | 第二食堂 |
| | | 白面 | 40袋 | 2.6元/kg | | |
| | | 色拉油 | 6桶 | 6元/kg | | |
| | | 白菜 | 20kg | 1.2元/kg | | |
| | | 猪肉 | 15kg | 17元/kg | | |
| | | 鸡肉 | 20kg | 10元/kg | | |
| | | 火腿肠 | 8箱 | 1元/根 | | |

续表

| 序号 | 客户名称 | 商品名称 | 数量 | 价格 | 送货时间 | 客户位置 |
|---|---|---|---|---|---|---|
| 5 | E | 猪肉 | 20kg | 17元/kg | 4月29日 17点前 | 第二食堂 |
|   |   | 白面 | 40袋 | 2.6元/kg |   |   |
|   |   | 色拉油 | 10桶 | 6元/kg |   |   |
|   |   | 火腿肠 | 10箱 | 1元/根 |   |   |
|   |   | 鸡肉 | 20kg | 10元/kg |   |   |
|   |   | 粉丝 | 13kg | 6.2元/kg |   |   |
|   |   | 西红柿 | 26kg | 4.3元/kg |   |   |
|   |   | 鸡蛋 | 9.5kg | 6.1元/kg |   |   |
| 6 | F | 大米 | 55袋 | 2.4元/kg | 4月29日 11点前 | 第三食堂 |
|   |   | 白面 | 30袋 | 2.6元/kg |   |   |
|   |   | 色拉油 | 9桶 | 6元/kg |   |   |
|   |   | 白菜 | 22kg | 1.2元/kg |   |   |
|   |   | 猪肉 | 30kg | 17元/kg |   |   |
|   |   | 鸡肉 | 28kg | 10元/kg |   |   |
|   |   | 火腿肠 | 6箱 | 1元/根 |   |   |
| 7 | G | 大米 | 45袋 | 2.4元/kg | 4月29日 11点前 | 第三食堂 |
|   |   | 白面 | 20袋 | 2.6元/kg |   |   |
|   |   | 色拉油 | 14桶 | 6元/kg |   |   |
|   |   | 白菜 | 25kg | 1.2元/kg |   |   |
|   |   | 猪肉 | 31kg | 17元/kg |   |   |
|   |   | 鸡肉 | 19kg | 10元/kg |   |   |
|   |   | 西红柿 | 26kg | 4.3元/kg |   |   |
| 8 | H | 大米 | 35袋 | 2.4元/kg | 4月29日 11点前 | 第四食堂 |
|   |   | 猪肉 | 35kg | 17元/kg |   |   |
|   |   | 色拉油 | 5桶 | 6元/kg |   |   |
|   |   | 白菜 | 30kg | 1.2元/kg |   |   |
|   |   | 西红柿 | 40kg | 4.3元/kg |   |   |
|   |   | 鸡蛋 | 15.5kg | 6.1元/kg |   |   |

续表

| 序号 | 客户名称 | 商品名称 | 数量 | 价格 | 送货时间 | 客户位置 |
|---|---|---|---|---|---|---|
| 9 | I | 大米 | 25袋 | 2.4元/kg | 4月29日 11点前 | 第四食堂 |
|  |  | 猪肉 | 41kg | 17元/kg |  |  |
|  |  | 白菜 | 36kg | 1.2元/kg |  |  |
|  |  | 土豆 | 30kg | 5元/kg |  |  |
|  |  | 粉丝 | 12kg | 6.2元/kg |  |  |
|  |  | 火腿肠 | 7箱 | 1元/根 |  |  |
| 10 | J | 大米 | 55袋 | 2.4元/kg | 4月29日 17点前 | 第五食堂 |
|  |  | 白面 | 40袋 | 2.6元/kg |  |  |
|  |  | 色拉油 | 3桶 | 6元/kg |  |  |
|  |  | 白菜 | 32kg | 1.2元/kg |  |  |
|  |  | 猪肉 | 45kg | 17元/kg |  |  |
|  |  | 鸡肉 | 22kg | 6.1元/kg |  |  |
|  |  | 土豆 | 25kg | 5元/kg |  |  |
|  |  | 西红柿 | 40kg | 4.3元/kg |  |  |
|  |  | 鸡蛋 | 11.5kg | 6.1元/kg |  |  |

（7）学生填写实训记录表，见表2-26。

表2-26 实训记录表

| 姓名 |  | 班级 |  | 年 月 日 |  | 星期 第 节 |
|---|---|---|---|---|---|---|
| 指导教师 |  |  |  | 实训地点 |  |  |
| 实训题目 |  |  |  |  |  |  |
| 实训目标 |  |  |  |  |  |  |
| 实训内容： |  |  |  |  |  |  |
| 实训反思： |  |  |  |  |  |  |
| 教师评语： |  |  |  |  | 实训成绩： |  |

 配送作业实务

## 总结评价

本任务考评表见表2-27。

表2-27 任务考评表

| 项目 | 评价等级及标准 | | | 评价方式（得分） | |
|---|---|---|---|---|---|
| | 优秀<br>（8~10分） | 良好<br>（5~7分） | 仍需努力<br>（1~4分） | 教师（企业导师）评价 | 同学评价 |
| 学习态度 | 课前准备充分，课上积极主动交流、思考并回答问题，努力争取出色地完成任务 | 课前按要求完成预习作业，课上能认真听讲，参与交流，努力完成任务 | 课前未能完成预习作业，课上存在走神现象，在同学的帮助下可以完成任务 | | |
| 任务完成情况 | 完全掌握完成任务所需知识 | 基本掌握本节课所学知识，但对完成任务所需知识掌握得不够熟练 | 能掌握本任务所需知识，但无法进行实际操练 | | |
| 课堂参与程度 | 积极举手发言，积极参与小组的讨论、交流与展示 | 能参与小组活动，并参与任务的分析，能完成任务，但主动性有待提高 | 较少发言，较少参与讨论与交流 | | |
| 自我评价（文字描述）： | | | | | |

 **工匠在身边**

### 李庆恒：从快递小哥到"高层次人才"，把平凡工作干出彩

2013年，李庆恒从老家安徽来到浙江。和许多到外地打工的年轻人一样，他想凭着自己的双手闯出一片天。

从老家来到杭州后，因为学历不高，李庆恒在工厂里打过工，在咖啡店里做过咖啡师。虽然咖啡师是一个"文艺又体面"的工作，但李庆恒觉得做咖啡有些单调，而热闹、忙碌的快递公司让他产生了浓厚的兴趣。"快递员做一单算一单，只要踏踏实实做，就能看到回报。"抱着尝试的想法，李庆恒很快入职了申通快递，并一直工作到现在。

成为快递小哥之后，李庆恒也有过身心交瘁的时候。比如"双十一"购物节期间，凌晨一两点还要到智能快递柜投放包裹；一辆快递车刚刚卸完，另一辆快递车就紧跟着进场。"最

累的时候也想过放弃，但是因为自己还年轻，而且打心里喜欢这种充实的生活，愿意在忙碌的节奏中踏踏实实把手上的事情做完。"

2017年，李庆恒被调到了操作部。"一天早上，客户打来电话，当时对方的语气很急，告诉我，别人给他发了一个快件，现在刚刚装车运走，他要在明天早上之前收到，如果误了时间，就要投诉我。"李庆恒说，虽然当时觉得有些莫名其妙，但是能够理解客户着急的心情。"我马上找领导审批，又赶到操作一线，花了一个多小时从一堆快件中找到这个包裹。"

正常情况下，从杭州到重庆的包裹需要两天时间，最快的速度是走航空快线。李庆恒马上联系了第三方物流公司，确认当天从杭州到重庆的航班上还有空仓位后，马上把包裹送了过去，然后打电话联系申通快递重庆转运中心经理，请他协助办理相关手续，终于让客户在当晚拿到了快件。

由于李庆恒在一线操作行动麻利，工作踏实，很快他便加入了公司备战行业各类技能比赛的团队。2019年8月，李庆恒参加了浙江省第三届快递职业技能竞赛。在准备这次比赛的过程中，李庆恒不仅要全面掌握全国各地的邮政编码、城市区号、航空代码，还要能从固体胶、U盘、打火机、人民币、乒乓球等中快速挑出航空禁寄物品。

"只有戒骄戒躁，脚踏实地继续向前走，抓住机会提升自己，才能在这个行业走得更远。"李庆恒说，没有读大学，一直是他心里的遗憾。听说国家高职扩招政策后，就赶紧和同事们一起报考了。"很幸运，我赶上了'东风'。"

"虽然个人的工作不能直接对这个行业做出改变，但只要大家齐心协力，在平凡的岗位上兢兢业业地完成自己的工作，快递行业也一定能更好地服务社会。"李庆恒说。

这个任务对我们以后的学习、工作有什么启发？特别是作为订单处理工作人员应该具备什么样的职业道德、职业素养和职业精神？

_____

_____

 **想一想　练一练**

### 一、判断题

1. 订单处理只是配送中心信息流的开端，与后续的配送实际操作环节无关。　　（　　）

2. 配送中心对接受客户订单的传统订货与电子订货两种方式的选择，要根据各种方式的投入及运营成本与效益的差异来决定。　　（　　）

3. 缺货处理要根据客户意愿而定，不能考虑公司政策，这样才能提高客户服务水平。　　（　　）

## 二、选择题

1. 配送中心紧急订单的响应率可通过（　　）来反映。
   A. 订单延误率　　　　　　　　　　B. 订单满足率
   C. 订单速交率　　　　　　　　　　D. 订单缺货率

2. 存货分配方式决定了下一步拣货作业的方式，若采用批次分配方式，则需要采用（　　）的拣货作业方式。
   A. 单一顺序拣选　　　　　　　　　B. 批量拣选
   C. 根据接收订单的先后顺序拣选　　D. 根据同一配送区域拣选

3. 客户订单确认的内容主要包括（　　）。
   A. 货物名称、数量、交货日期及订货价格　　B. 订单形态
   C. 客户信用　　　　　　　　　　　　　　D. 是否需要加工包装

## 三、思考题

1. 什么是订单处理？订单处理作业流程一般包括哪些方面？
2. 简述订单处理作业的流程，并思考提高订单处理效率的方法。
3. 思考并设计不同形态订单的内容。

# 项目总结

本项目以配送中心为例，介绍了进货作业的流程。另外，本项目还讲解了配送中心订单处理的基本知识，订单处理可通过人工或计算机信息系统来完成，配送中心订单处理模式通常为订单准备、订单传递、订单登录、按订单供货、订单处理状态追踪等。

本项目的主要知识点如下。

### 1. 进货作业

选择供货商：寻找供应商、评审供应商、选定供应商。

货物的编码方法和分类如下。

货物编码：就是将货物按其内容加以有序编排，用简明的文字、符号或数字代替货物的名称、类别及其他有关资料的一种方式。大部分商品本身已有商品号码和条形码，但为了便于物流管理及存货控制，进货后，配送中心通常需要给商品编制统一的货物代号和物流条形码，以方便仓储管理系统的运作，还可以掌握货物的动向。

货物分类：货物分类的原则、货物分类的方式。

商品的验收和验收方式：商品验收是按照验收业务作业流程，核对凭证等规定的程序和

手续，对入库商品进行数量和质量检验的经济技术活动的总称。凡进入仓库储存的商品，必须经过检查验收，只有验收合格的商品，方可入库保管。

商品验收方式分为全验和抽验。商品验收方式和有关程序应该由存货方和保留方共同协商，并通过协议在合同中加以明确规定。

### 2. 订单作业

订单处理作业流程：订单处理作业的流程包括接收客户订单、客户订单确认、建立客户档案、存货查询与分配、订单资料处理输出六个主要环节。

存货管理：存货查询；分配存货。

# 项目三

# 拣选作业与补货作业

## 岗位任务情境

### 电子辅助拣取系统在图书配送中心的应用

图书上市前3个月的销售量约占总销售量的30%，畅销品与非畅销品之间的数量差距非常大；加之图书行业竞争激烈，新品与畅销品的补货作业关系着店铺的竞争力。基于配送中心内部空间坪效与成本的考量，为每种商品保留库存几乎是不可能的事，上游业者的配送时间不易掌握，而店铺对于配送时间的要求日益增强。在此种情况下，KS配送中心只能通过压缩物流时间来达到快速配送的目的。因此，KS配送中心在筹划成立之初便积极规划导入播种式电子辅助拣取系统。

导入播种式电子辅助拣取系统之后的效益显著提升，KS配送中心内90%以上的商品经由电子标签配送出去，其错误率可降至0.002%以下，比一般采用摘取式系统的厂商所统计出来的错误率0.02%更低。另外，这套系统使用在新书的配货上比使用在补书的配货上更具效益，其原因是新书的订购率高，很多店都订购了，在配书时行走的路线最具效益。

电子辅助拣取系统除了有作业上的效益之外，其最大的效益在管理层面上，这些系统效益不是数字可以统计出来的，往往被人们所忽视，却是信息化作业的精髓所在。以往KS配送中心在验货时只能抽验或是旷日费时地进行全数验收作业；而在系统导入之后，经由电子标签配货的商品在配货的同时即同步进行验收作业。配送商品给店家时，也可以通过电子标签系统打印出箱单和出货汇整表；送货时，与店家进行交货对点时既快速又正确。另外，配货人员的工作效率评核、配送中心作业能力的评估等管理绩效评估作业均可以应用电子辅助拣取系统或现场资料的收集提供管理报表，为日后改善流程提供依据。

项目三 拣选作业与补货作业

> **想一想：**
> 1. KS 配送中心采用的是何种图书拣选方式？取得了怎样的效果？
> 2. 电子拣选系统能为企业创造怎样的效益？

## 任务一 拣选作业

### 岗位任务要求

**知识目标**

1. 掌握配送中心拣选作业的流程。
2. 掌握配送中心拣选作业的方法及模式。
3. 了解拣选信息的传递方式。

**能力目标**

能以摘果式和播种式拣选方式完成拣选作业。

**素养目标**

结合生产实际，培养认真严谨的工作态度。

### 任务分组

任务名称：_____

<table>
<tr><td colspan="6" align="center">任务分组表</td></tr>
<tr><td align="center">班级</td><td></td><td align="center">组号</td><td></td><td align="center">授课教师</td><td></td></tr>
<tr><td align="center">组长</td><td></td><td align="center">学号</td><td></td><td align="center">日期</td><td></td></tr>
<tr><td colspan="6" align="center">组内成员</td></tr>
<tr><td colspan="2" align="center">姓名</td><td colspan="2" align="center">学号</td><td colspan="2" align="center">备注</td></tr>
<tr><td colspan="2"></td><td colspan="2"></td><td colspan="2"></td></tr>
<tr><td colspan="2"></td><td colspan="2"></td><td colspan="2"></td></tr>
<tr><td colspan="2"></td><td colspan="2"></td><td colspan="2"></td></tr>
<tr><td colspan="2"></td><td colspan="2"></td><td colspan="2"></td></tr>
</table>

续表

| 任务分工 |
|---|
|  |

## 获取岗位知识

### 一、拣选作业的概念

拣选是配送中心根据客户订单所规定的商品品名、数量和储存仓位地址,将商品从货垛上或货架上取出并放在指定位置的物流作业活动。

### 二、拣选作业的意义

在配送中心内部所涵盖的作业范围里,拣选是十分重要的一环,它不但需要大量的人力、物力,而且所涉及作业的技术含量也是最高的。拣货信息来源于客户订单,拣选作业的目的就在于正确且迅速地挑选出客户所订购的货物。

拣货作业分为两部分内容,即信息处理和选货作业。在传统的货物拣选系统中,一般使用书面文件来记录货物数据,拣货时根据书面的提货通知单查找记录的货物数据并进行人工搜索,然后完成货物的提取。在这样的货物拣选系统中,制作书面文件、查找书面文件、人工搬运等不仅浪费了巨大的人力、物力,而且严重影响了物流的作业效率。随着竞争的加剧,人们对物流的作业效率要求越来越高,这样的货物拣选系统已经远远不能满足现代化物流管理的需要。结合有效的吞吐量建立一个先进的货物拣选系统,不但可以节约大量成本,还可以大大提高工作效率,显著降低工人的劳动强度,提高客户的满意度。高度自动化的货物拣选系统完全改变了使用书面文件完成货物分拣的传统方法,有利于快速完成货物的提取、补充等工作。

### 三、拣选作业流程

拣选作业流程如图 3-1 所示,其说明了拣选作业在出货过程中的位置及其与别的作业之间的相互关系。

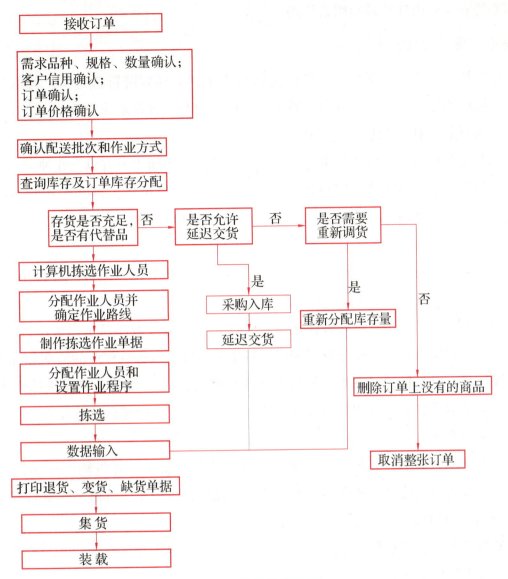

图 3-1 拣选作业流程

## 1. 拣选作业原则

拣货作业除了少数自动化设备的应用外,大多靠人工劳力的密集作业实现,因此在设计拣选作业系统时,应使用最为广泛的是工业工程方法。以下列出了经长期的实践总结出的拣选作业的 7 个基本原则,可以在拣选作业系统设计时加以利用。

①不要等待——零闲置时间。

②不要拿取——零搬运(多利用输送带、无人搬运车)。

③不要走动——动线的缩短。

④不要思考——零判断业务(不依赖熟练的工人)。

⑤不要寻找——储位管理。

⑥不要书写——免纸张。

⑦不要检查——由计算机利用条形码。

**2. 拣选作业信息传递方式**

若要提高拣货效率，必须缩短拣货时间和行走距离，还要降低拣错率。拣取作业时能否迅速找到需拣取货物的位置，信息指示系统、储位标志与位置指示非常重要。

（1）主要的拣选作业信息传递方式。

拣选作业需要将信息有效地传递给作业人员，其信息传递主要有以下几种。

①订单传票。其是指直接以客户订单或以配送中心送货单作为拣选作业的指示凭据。这种方法只适合订购数量较小和批量较小的情况。由于订单在作业时容易受到污损，容易导致拣选作业失误。

②拣货单。其是指将客户订单输入计算机系统，进行拣货信息生成，并打印拣货作业单。拣货单的优化主要取决于信息系统相应的支持功能。

③灯光显示器。其是指通过安装在储位上的灯光显示器或液晶显示器传递拣选作业信息，该系统可以安装在重力货架、托盘货架和轻型货架上，以提高拣选作业的效率和准确率。

④无线通信。其是指通过在堆高机等装置上安装无线通信设备，把应该从哪个储位拣选何种商品和数量的信息实时通知拣选人员。此系统适合用于大批量的拣选作业。

⑤自动拣货系统。

⑥计算机辅助拣选车。其是指通过在堆高机等装置上安装计算机辅助终端机，向拣选人员传递拣选作业指令。此系统适合用于多品种、小批量、体积小、价值高的货品拣选。

（2）拣货单的格式。

在设计拣货单时，应根据货架编号、货号、数量、品名安排顺序，以免拣货时发生混淆。注意，应避免出现以下问题。

①一位多货，即数种货物放在同一储位时，按货架编号指示拣取的准确性会受到影响。

②一号多货：外包装相同，但颜色、花样不同的货物，当使用相同的商品编码时，则无法利用货号来拣取货物。因此，在建立货物编号时，应预留货物码数，以区分颜色、花样等。

③单据数字混淆拣错：若存货单的上下行或相邻列容易混淆，则易因看错数量而造成拣取错误，此时应多考虑利用计算机辅助拣货设备或是用编号明确区分，以减少失误。

## 四、拣选单位与行走方式

**1. 拣选单位**

拣选单位与存货单位基本对应，但可能会因客户需要的细分而趋于更小。一般来说，拣选单位可分成托盘（Pallet）、箱（Case）及单品（Bulk）3种，即通常说的PCB。以托盘为拣选单位的体积及重量最大，其次为箱，最小为单品。

拣选单位总共有以下4种。

1) 单品

单品是拣选的最小单位，其可由箱中取出，可以用人工单手拣取，体积一般为 $10m^3$ 以下，单边长不超过20cm，重量在1kg以下。

2) 箱

由单品所组成，可由托盘上取出，人工必须用双手拣取，体积一般为 $10cm^3 \sim 1m^3$ 之间，单边长不超过1m，重量为 $1 \sim 30kg$。

3) 托盘

由箱叠码而成，无法由人工直接搬运，必须利用叉车或托盘搬运车等机械设备。

4) 特殊品

特殊品是指体积大、形状特殊，无法按托盘、箱归类，或必须在特殊条件下作业的货物。大型家具、桶装油料、长杆形货物、冷冻货物等都属于特殊品，在存储和拣选时都必须予以特殊考虑。

图3-2所示为以箱为拣选单位的作业；图3-3所示的是以整托为拣选单位的作业，用于存储了大量货物的托盘货架上，可以整托盘进出（拣选）；图3-4（a）所示的是重力式货架，可用于以箱或单件作为单位的拣选，图3-4（b）是拣货员在进行无纸化拣选，可以接收语音指令。

图3-2 以箱为拣选单位的作业

图3-3 以整托为拣选单位的作业

 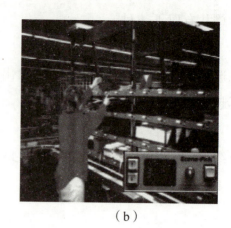

（a）　　　　　　　　　　　　（b）

**图 3-4　以单品为拣选单位的作业**

注意拣选单位与基本库存单位（SKU）之间的联系与区别。对于仓库里的 SKU，不但要按货物名称区分，还要按型号和规格来分。例如可乐，内容都一样，但单件商品的包装分为 2L、1.25L、600mL、550mL、330mL 和 225mL 等多种规格。这里提到的 6 种包装规格在仓库里都是独立的 SKU。

### 2. 拣选行走方式

拣选行走方式主要有人至货、货至人两大类。

**1）人至货方式**

人至货方式是最常见的，即拣货员通过步行或搭乘拣选车辆到达货物储存位置。人至货方式的系统构成简单，柔性高，可以不需要机械设备和计算机支持。

人至货方式通常使用"货到传送带"法，即拣选工作在输送机两边进行，拣出的货物由拣货员直接送到输送机（集货点），或用容器集中后送到输送机（集货点），再由输送机送到集货中心。因为有输送机的帮助，拣货员的行走距离短，劳动强度低，拣选效率高，每人每小时约可拣选 1 000 件货物。但输送机将拣选作业区分成两个部分，当拣选任务并非均匀分布在两边的货架时，不仅所需作业面积大，不能协调两旁拣选人员的工作节奏，还会使系统的柔性差，从而导致补货不方便。这种情况应使用的拣选搬运设备是"传送带"。在安装了传送带的场地，其存储区（同时也是拣选区）的通道较宽，以方便布置输送机械。

**2）货至人方式**

货至人方式则相反，主要行走的一方为被拣货物，拣货员在固定位置上作业，不用寻找货位。货至人方式可分为普通、闭环和活动三种。

普通的货至人方式，拣货员不用行走，拣选效率高、工作面积紧凑、补货容易、空箱和空托盘的清理也容易进行，可以优化拣货员的工作条件与环境。其不足之处在于投资金额大、拣选周期长。

在闭环"货至人"方式中，载货托盘（即集货点）总是有序地放在地上或搁架的固定位置上。输送机将拣选货架（或托盘）送到集货区，拣货员根据拣选单拣取货架中的货物，将其放到载货托盘上,然后移动拣选货架,由其他拣货员拣选,再通过另一条输送机将拣空后的拣选货架送回。

这种方法的优点在于:拣选路线短,拣选效率高,系统柔性好,容易清理空箱和无货托盘,所需作业面积小。

其缺点有:为了解决拣选架的出货和返回问题,仓库、输送机和控制系统的投资大;因顺序作业,造成作业时间长;等等。可通过拣选任务的批处理来减少移动的拣选架的数量,缩短拣选作业的时间,从而提高货至人方式的拣选效率。

活动的"货至人"拣选方法是拣货员(或拣选机器人、高架堆垛机)带着集货容器(集货点)在搬运机械的帮助下,按照订单的要求到货位拣选,当集货容器装满后,到集货点卸下所拣选物。由于此系统一般由机器人拣货,而机器人的柔性较差,不能同时满足箱状货物、球状货物、柱状货物的拣取要求,这也就限制了它的应用。这种系统一般用在出库频率很高且货种单一的场合,是托盘自动仓库的主要拣选方式。

## 五、拣选的策略

### 1. 两种常用拣选方式的比较

1)概念比较

①摘果式拣选(按订单拣选)。摘果式拣选是针对每一份订单(即每个客户)进行拣选,拣选人员或设备巡回于各个货物储位,将所需的货物取出,形似摘果。其特点是每人每次只处理一份订单。

应用电子显示标签进行摘果式拣选时,一般要求每个品种货物(货位)对应一个电子显示标签,控制计算机系统可根据货物位置和订单数据发出出货指示,并使货位上的电子显示标签亮灯,拣货员根据电子标签显示的数量及时、准确地完成拣货作业。

图3-5是使用电子显示标签的摘果式拣选系统示意,其作业特点是从货架上取货,将其放入流水线上的货箱中;图3-6是某配送中心的摘果式分拣线作业场景。

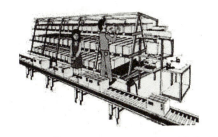 

图3-5 使用电子显示标签的摘果式拣选系统示意　　图3-6 某配送中心的摘果式分拣线作业场景

②播种式拣选。播种式拣选是把多份订单(多个客户的要货需求)集合成一批,先把其中每种商品的数量分别汇总,再逐品种分货,与播种十分相似,因此又称为"商品别汇总分播"。

应用电子显示标签的播种式分拣系统的每个电子标签货位代表一张订单,拣货员先通过条形码扫描把将要分拣货物的信息输入系统中，需要货物的货位所在位置的电子标签就会亮灯，还会显示出该位置所需分货的数量。载有单一品种货物的拣货员或设备巡回于各个客户的分货位置，按电子标签显示数量分货。

图 3-7 是使用电子显示标签的播种式分拣系统示意；图 3-8 是某配送中心播种式分拣的作业场景，其线采用"货到人"方式，一次分拣客户数最多为 60 个。其作业特点是：从流水线上的货箱中取货，将其放入货架上的发货箱内，与摘果式拣选的动作刚好相反。

图 3-7　使用电子显示标签的播种式分拣系统示意　　图 3-8　某配送中心播种式分拣的作业场景

图 3-9 和图 3-10 所示为摘果式拣选系统和播种式拣选系统在配送中心的平面布局图，参照条件是分拣处理货物的品种数不小于 2 000 个，分拣输出能力大致相等。

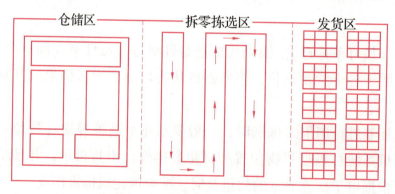

图 3-9　摘果式拣选系统在配送中心的平面布局图

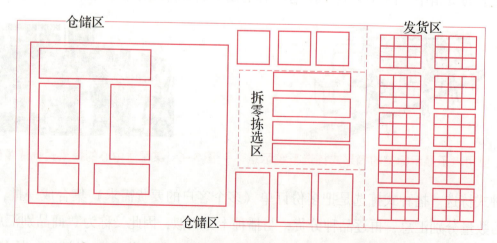

图 3-10　播种式拣选系统在配送中心的平面布局图

2) 硬件设备比较

应用电子显示标签的摘果式拣选系统和播种式拣选系统,其硬件组成主要包括装有电子显示标签的货架、配套的流水(输送)线。从外观形式看,两种分拣系统硬件的主要区别在于,摘果式拣选系统货架和流水线的长度远远大于播种式拣选系统。

①摘果式拣选系统。

摘果式拣选系统一般要求每一品种的货物占用一个货位,对应使用一个电子标签。国内现有的摘果式拣选系统货架一般每米长度可设置10个左右(8~12)货位,因此,2 000个品种的摘果式拣选系统的货架长度约为200m。其配套流水线长度一般大于货架的长度。

②播种式拣选系统。

播种式拣选系统的每个电子标签(货位)代表一张订单(一个客户),因此,货架长度与分拣处理的品种多少无关,用很短的货架分拣线就可以处理品种数巨大的订单。例如,托贝克公司开发的TBC型播种分拣线可处理2 000个品种,而其货架长度只有10m,仅为前述摘果式分拣线的1/20。

③硬件设备的成本分析。

粗略估算摘果式分拣系统和播种式分拣系统的硬件造价,其每个货位的成本、每米流水线的成本是基本相等的。由于摘果式分拣系统的货架数量、流水线长度远大于播种式分拣系统,因此在分拣处理能力相同的条件下,摘果式分拣系统在占地面积、设备造价、操作人员数量、使用费等方面远大于播种式分拣系统。

3) 作业流程和耗费工时分析

以含有若干份订单的一个拨次为例分析,讨论的范围是订单间品种重合度较高的情况。

(1) 摘果式拣选的作业流程如下。

①补货:从仓储区向拆零拣选区送货,并且逐个货位上架。

②沿线拣选:周转箱沿着分拣流水线移动,拣货员从货架上取货,将其放入周转箱。

③复核装箱:拣选结束后,对已经装入周转箱的货物进行核对(品种、数量等),有时还需要换箱装货。

④集货待运:把已经复核装箱完毕的货箱送到发货区,等待运出。

(2) 播种式拣选的作业流程如下。

①汇总拣货:从仓储区将该拨次所需货物全部拣出,送到拆零分拣区,逐个放到分拣线上。

②沿线分货(含复核装箱):待分拨货箱沿着流水线移动,分拣人员从流水线上的箱中取货,放入货架箱内。间歇性复核、装箱。

③集货待运:把已经复核装箱完毕的货箱送到发货区,等待运出。

（3）作业量和耗时比较如下。

按照作业流程对两种方式的各主要阶段进行比较。

①摘果式的补货作业与播种式的汇总拣货。

摘果式的补货作业：包括从仓储区将该拨次所需货物拣出，按品项巡行于数千个货位，逐个放到拣选货位上。

播种式的汇总拣货：包括从仓储区将该批次所需货物全部拣出，逐个放到分拣线上。

两种方式相比较，摘果式的补货作业需要巡行数千个货位的行走距离，长度通常达几百米。此外，摘果式对每个货位放货操作的动作量也大于播种式。

由于拣选货架空间有限，对于出货量较大的商品货位，一个拨次内的摘果式补货作业往往需要进行多次补货。播种式只需要一次。

由此看来，在这个作业时段，摘果式的作业量、耗时要远大于播种式。

此外，摘果式在大量补货时通常要暂停拣选作业，这就很难实现连续拣选，对时间的利用不充分。播种式则不存在这个问题。

②摘果式的沿线拣选与播种式的沿线分货。

摘果式的沿线拣选：从货架上取货，放到流水线上。

播种式的沿线分货：从流水线上取货，放到货架上。

这两个互逆拣货动作的耗时基本相当。但摘果式的流水线长度远大于播种式，而且货位多、转换多，周转箱移动的阻碍也多，因此，摘果式分拣线的周转箱移动速度往往低于播种式（不考虑空行程）。

每当货架上的货箱装满后，播种式分拣需要做一个换箱动作，还要间歇性进行数量复核。完成这两个任务所需的时间大约是总拣货动作时间的10%。

在这个作业时段，两种方式的工效大致相等。

③摘果式的复核装箱。

复核装箱动作是摘果式独有的，就是要对流水线出来的货箱内的品种数量进行逐一核对，有时还要重新装箱。

可见，摘果式的沿线拣选与复核装箱作业时间之和明显超过播种式的沿线分货。

在有些摘果式分拣线中，为缩短作业时间而免去了复核动作，其后果是增加了差错率。

播种式在分拣货物时，可以通过核对剩余数量发现前面作业中的差错，因此可以明显减少差错；而摘果式则很难在作业中核对剩余数量。所以在同等条件下，摘果式的差错率要高于播种式。

因此，对于同样的分拣量，摘果式的行走距离较大、动作多、耗时长、差错率高。可见播种式优于摘果式。另外，尽管摘果式对单个订单的响应速度较快，但播种式可以高效处理成批订单，其完成一个订单的平均时间要小于摘果式。

## 2. 其他拣货作业模式

1）复合拣货

复合拣货是按订单拣货及批量拣货的组合，可以根据订单上的品种数量决定哪些订单适合按订单拣货，哪些适合批量拣货。

2）分类式拣货

一次处理多张订单，并且在拣取各种商品的同时，将商品按照客户订单分开放置。如一次拣取五六张订单时，每次拣货用台车或笼车带五六家客户的篮子，边拣取边按客户不同区分摆放。这样可以减少拣货后再分类的麻烦，提高拣货效率，适用于每张订单量不大的情况。

3）分区、不分区拣货

不论是按订单拣货还是按批量拣货，为了提高作业效率，都可以配合采用分区或不分区的作业策略。所谓分区作业，就是将拣货作业场地划分为不同区域，每个拣货员只负责拣取指定区域内的货物。而分区方式又可分为拣货单位分区、拣货方式分区和工作分区。事实上，在进行拣货分区时也要考虑储存分区的部分，必须先针对储存分区进行了解、规划，才能使系统的整体配合趋于完善。可以按以下方式进行拣货分区。

①按拣货方式分区：在同一拣货单位分区内，若使用不同方式或不同设备拣货，则需按拣货方式分区。

②按商品特性分区：根据商品原有特性划分区。

③按储存单位分区：将相同储存单位的商品集中起来储存，便可形成储存单位分区。

④按拣货单位分区：按订单要求的拣货单位（拣货托盘或拣货箱）分区。

拣选分区示意如图3-11所示。

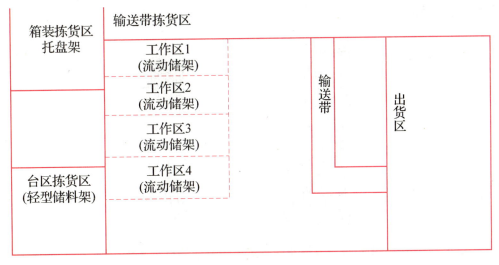

图3-11 拣选分区示意

4）接力拣货

这种方式与分区拣货类似，在确定各自负责的商品品种或货架的责任范围后，各拣货员只拣选拣货单中自己负责的部分，然后以接力的方式交给下一名拣货员。采用这种分工合作方式的主要优点是可以缩短整体的拣货动线，减少人员和设备移动的距离，提高拣货效率。

5）订单分割拣货

当一张订单中的商品品种较多时，为了提高拣货效率、缩短拣货处理周期，可将其分割为若干子订单，交由不同的拣货员同时进行拣选作业。订单分割策略必须与分区策略配合运用才能产生较好的效果。

## 六、货物拣选设备

由于受多品种、小批量物流的影响，配送中心经营的商品种类逐年增加，零星要货占订单的70%，而这部分商品的销售额不超过总销售额的30%。尤其是拆零的工作量增幅很大，如食品行业拣选的作业量要占全部工作量的80%，故配送中心对拣选作业的机械化投入了很大的人力、物力和财力。目前，拣选设备通常有货架拣选式叉车系统和拣选重力式货架系统，特别是计算机控制自动显示的重力式货架拣选系统。

### 1. 高层货架拣选系统

通常，在配送中心由计算机信息系统制订和打印商品配送路线图，供拣货员拣选商品使用；打印"各库配货汇总表"，供复核使用。图3-12所示为高层货架拣选系统。商品入库是使用旋转侧移叉式叉车将整托盘商品放入货架，拣货时使用拣选叉车。拣选叉车的货叉上设置了载人和载货平台，拣货员在平台上操纵叉车，到达一定的货格位置，由人工拣货，并把商品搬到平台的托盘上。这种拣选系统的特点是投资少、货架走道宽度小（仅1.7m，而普通货架走道宽度超过2.5m）。

图3-12 高层货架拣选系统常用的拣选叉车

## 2. 拣选重力式货架

这是一种应用较为普遍的货架拣选设施，适用于以纸箱为单位和开箱拆零的人工拣选作业。它是轻型的重力货架，高度为 1.8~2.3m，可存放 6~10 个纸箱。货架以带坡度（约 4°）的滚轮轨道作为货箱的支撑架，货箱两侧有导向条，作为箱间的分隔。拣货员在货架前面拣货，开箱拆零。当第一箱商品取完后将空箱拿走，后面一个箱子自动向前移动补充。拣选重力式货架如图 3-13 所示。

图 3-13　拣选重力式货架

采用这种拣选方式的优点如下。

①先进先出，保证商品质量。

②节约仓间面积，减轻拣选人员往返步行的压力。例如，一个储存了 1 200 箱商品的仓间，采用普通货架，面积为 78m$^2$，拣选人员步行距离为 43m；采用拣选重力式货架，面积为 72.6m$^2$，拣货员步行距离为 11m，面积和距离分别为前者的 93% 和 26%。

③拣选商品时方便、快速、省力，差错少。

④货架前面拣选，后面补充，存取分开，可同时作业，互不干扰。

⑤可在货架一侧设置一条出货输送带，以便于实行分段拣选的流水作业，提高拣选的工作效率。

## 3. 电子标签拣选系统

在现代化配送中心，由于拣选货架与计算机控制系统配套使用，又被称为"拣选指挥系统"的计算机数字显示拣选装置。

在重力式货架的每一货格上安装电子数字显示器，客户（即商场）将订单信息输入计算机后，货位指示灯和数字显示器立即显示所需商品在货架的具体位置和数量，拣货员只要按指令取货即可。几位拣货员可同时作业，实现了"无单拣选"，而结算、抄单和库存管理均由计算机系统完成。

## 补充与链接（其他知识点整理处）

## 岗位案例分析

### POLA 西日本物流中心拣选作业

日本的 POLA 公司成立于 1929 年，以制造并销售女性用品为主。POLA 西日本物流中心建于 1990 年 3 月，负责约 2 600 个点的配送工作，达到从订货到交货在 3 日内完成的目标。

#### 一、POLA 西日本物流中心概况

① 占地面积：17 100m²；

② 建筑面积：8 646m²；

③ 厂区布置平面图如图 3-14 所示。

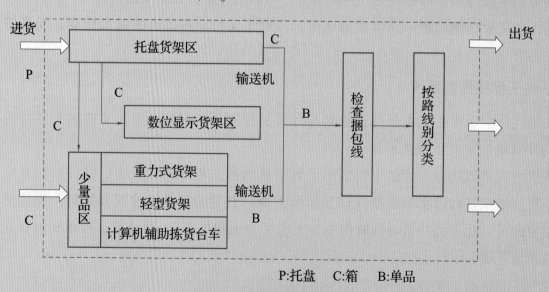

图 3-14　厂区布置平面图

## 二、POLA西日本物流中心拣选作业系统

该物流中心配送的商品品种约有1 200个，化妆品尖峰出货量可达每天185 000个包装单位。为配合如此庞大的作业量，提供高效率、优质的物流服务，作业系统采取自动信息控制与人工控制的弹性组合。以下是各拣货区域作业方式概况。

1. 托盘储存货架拣货区——以箱为包装单位的拣货出库

将由工厂进货的整托盘商品以升降叉车放于托盘货架上保管，将少量成箱进货的商品保管于重力式货架上。大批订购的商品不经过储存保管，直接以箱为单位，利用输送机送往出货区，还可以直接补货至数位显示货架拣货区内。这一区域的拣货，采取事先将拣货商品及数量打在标签上，并将标签加贴在商品上指示拣货的方式。

2. 数位显示货架拣货区——以单件为包装单位的拣货出库

将商品置于重力式货架上，各类商品储位上装有指示拣选数量的数字显示装置，拣选员在所负责的区域内依显示器上所指示的数量拣选商品放入输送机上的篮子里，之后按下确认键，表示该商品已被拣选。当该区内所有需要拣选的商品均已完成拣选时，篮子就往下一个拣选员负责的区域移动；最后，被送往少批量商品拣货区，空纸箱由上层的输送机收回，送往捆包区。这一区域采取按单份订单拣货和通过数位显示辅助拣货的方式，主要完成多品种、少批量的拣货工作。

3. 少批量商品拣货区——以单件为包装单位的拣货出库

保管于轻型货架及重力式货架上的商品，应用计算机辅助拣货台车拣货。拣货信息通过键盘输入拣货台车的计算机，显示器上显示货架布置及拣选位置的分布情形，拣货员按照显示器指示至拣选位置拣选商品，扫描条形码，并依照各订单需求数量分别投入8个订单格位的塑胶袋内。拣货完成的袋子暂存在集货用的轻型储架上，当输送机将上一个区域内对应订单的拣货篮送达时，合并送到检查捆包区。这一区域负责小批量、小体积商品的拣货工作，采用计算机辅助台车拣货。

阅读材料，回答以下问题。

试分析POLA西日本物流中心的拣选作业方式，并分析其优缺点。

# 岗位实训任务

## 拣货作业实训

任务要求：

通过对不同拣货方式的实际操作与效果评价分析，学生不仅可以熟练掌握不同的拣货方式及其操作流程，还可以认识各种拣货单据，熟练使用相应的拣选辅助设备。

**任务准备：**

（1）每四名学生为一组，选出一名负责人，专门负责小组的成员分工，组织大家完成拣货任务。

（2）选取一家超市作为实训场地，以任意10个超市客户购物单为背景，分别完成单一和批量拣货任务。要求单个客户商品的品种数大于15种。

**任务步骤：**

（1）学生填写《岗位任务工单》（表3-1）中的任务分析、任务执行。

表3-1　岗位任务工单

| 姓　　名 |  | 任务名称 |  |
|---|---|---|---|
| 班　级 |  | 日　　期 |  |
| 具体内容 ||||
| 任务分析 ||||
| 任务执行 ||||

（2）对设备的使用过程和拣货路径进行记录，对拣货所用时间及拣货结果进行详细记录。

（3）对拣货作业过程及效果进行分析，找出影响拣货效率的因素，提出改进策略。

（4）针对改进策略，对于同一（批）拣货单重新进行拣货操作，比较改进前后的拣货时间和拣货效果。

（5）学生根据实训过程、实训结果及实训结果分析撰写实训报告。

（6）学生填写实训记录表，见表3-2。

**表3-2　实训记录表**

| 姓名 | | 班级 | | 年　月　日 | | 星期　第　节 | |
|---|---|---|---|---|---|---|---|
| 指导教师 | | | | 实训地点 | | | |
| 实训题目 | | | | | | | |
| 实训目标 | | | | | | | |
| 实训内容： | | | | | | | |
| 实训反思： | | | | | | | |
| 教师评语： | | | | | | 实训成绩： | |

## 总结评价

本任务考评表见表3-3。

**表3-3　任务考评表**

| 项目 | 评价等级及标准 | | | 评价方式（得分） | |
|---|---|---|---|---|---|
| | 优秀<br>（8~10分） | 良好<br>（5~7分） | 仍需努力<br>（1~4分） | 教师（企业导师）评价 | 同学评价 |
| 学习态度 | 课前准备充分，课上积极主动交流、思考并回答问题，努力争取出色地完成任务 | 课前按要求完成预习作业，课上能认真听讲，参与交流，努力完成任务 | 课前未能完成预习作业，课上存在走神现象，在同学的帮助下可以完成任务 | | |
| 任务完成情况 | 完全掌握完成任务所需知识 | 基本掌握本节课所学知识，但对完成任务所需知识掌握得不够熟练 | 能掌握本任务所需知识，但无法进行实际操练 | | |

续表

| 项目 | 评价等级及标准 | | | 评价方式（得分） | |
| --- | --- | --- | --- | --- | --- |
| | 优秀<br>（8~10分） | 良好<br>（5~7分） | 仍需努力<br>（1~4分） | 教师（企业导师）评价 | 同学评价 |
| 课堂参与程度 | 积极举手发言，积极参与小组的讨论、交流与展示 | 能参与小组活动，并参与任务的分析，能完成任务，但主动性有待提高 | 较少发言，较少参与讨论与交流 | | |
| 自我评价（文字描述）： | | | | | |

这个任务对我们以后的学习、工作有什么启发？特别是作为配送拣货岗位员工，应该具备什么样的职业道德、职业素养和职业精神？

_____

_____

## 想一想　练一练

**简答题**

1. 拣选单位和行走方式有哪些？
2. 什么是摘果式拣选方式和播种式拣选方式？二者有何区别？

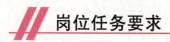

## 任务二　补货作业

### 岗位任务要求

**知识目标**

1. 掌握补货方式。
2. 掌握补货流程。
3. 了解补货注意事项。

### 能力目标

1. 能够识别补货作业单。
2. 能根据补货单进行补货作业。

### 素养目标

立足本职岗位，培养全局观和整体意识。

## 获取岗位知识

补货作业是指从保管区域将货物转移到另一个为了进行订单拣取而设置的拣货区域所做的迁移作业。

一般补货（以栈板为单位）的主要作业流程如图3-15所示。

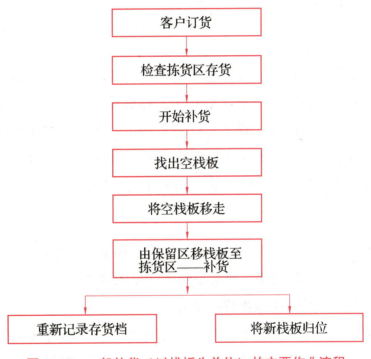

图3-15　一般补货（以栈板为单位）的主要作业流程

## 一、补货方式

与拣货作业息息相关的是补货问题。补货作业一定要计划好，不仅要确保存量，而且要将货物安置于方便存取的位置。其具体方式如下。

### 1. 整箱补货

其是指由料架保管区补货至流动棚架的动管区，如图3-16所示。

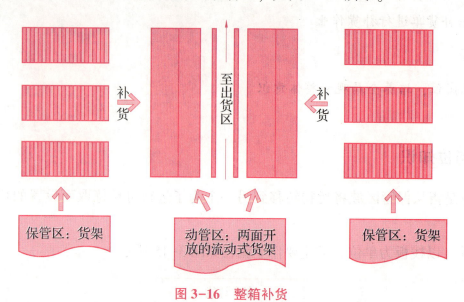

图3-16 整箱补货

这种补货方式的保管区为料架储放，动管拣货区为两面开放式的流动棚。拣货时，拣货员先将流动棚拣取区拣取商品放入浅箱（篮）中，然后放至输送机并运至出货区。而当拣取后发觉动管区的存货已低于水准时，则要进行补货动作。其补货方式为拣货员至料架保管区取货箱，用手推车载箱至拣货区，由流动棚架在后方（非拣取面）补货。这种保管区和动管区储放形态的补货方式较适合体积小且少量、多样的出货货物。

### 2. 整栈补货

整栈补货有两种方式：方式一为由地板堆叠保管区补货至地板堆叠动管区（见图3-17）；方式二为由地板堆叠保管区补货至栈板料架动管区（见图3-18）。

（1）由地板堆叠保管区补货至地板堆叠动管区。

此补货方式的保管区为以栈板为单位地板平置堆叠储放，动管区也为以栈板为单位地板平置堆叠储放。所不同之处在于，保管区面积较大，储放货物的量较多；而动管区面积较小，储放货物的量较少。拣取时，拣货员在拣货区拣取栈板上的货箱，放至中央输送机出货；当拣取大量品项时，则需使用堆高机将整个栈板送至出货区。若在拣取后发现动管拣货区的存货低于水准时，则要进行补货动作。其补货方式为拣货员使用堆高机在栈板平置堆叠的保管区搬运栈板至同样是栈板平置堆叠的拣货动管区。此保管区和动管区储放形态的补货方式较适合体积大或出货量多的货物。

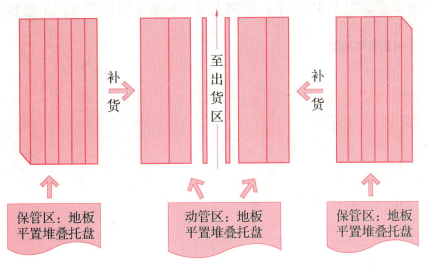

图 3-17 整栈补货（方式一）

（2）由地板堆叠保管区补货至栈板料架动管区。

这种补货方式的保管区为以栈板为单位地板平置堆叠储放，动管区则为栈板料架储放。拣取时拣货员在拣货区搭乘牵引车拉着推车移动拣货，拣取后再将推车送至输送机轨道出货。一旦发现拣取后动管区的库存太低，则要进行补货动作。其补货方式为拣货员使用堆高机很快地至地板平置堆叠的保管区搬回栈板，并送至动管区栈板料架上储放。此保管区和动管区储放形态的补货方式较适合体积中等或中量（以箱为单位）出货的货物。

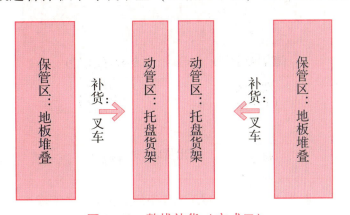

图 3-18 整栈补货（方式二）

### 3. 料架上层和料架下层之间补货

此补货方式为保管区与动管区属于同一料架，也就是将一料架上的方便手取之处（中下层）作为动管区，不容易取的地方（上层）作为保管区。而进货时便将动管区放不下的多余货箱放至上层保管区。对动管拣货区的货物进行拣货时，当动管区的存货低于水准时，则可利用堆高机将上层保管区的货物搬至下层动管区补货。此保管区和动管区储放形态的补货方式较适合体积不大、每个品项的存货量不高且出货中小量（以箱为单位）的货物。

托盘货架存放示意如图 3-19 所示；料架上层至料架下层补货方式示意如图 3-20 所示。

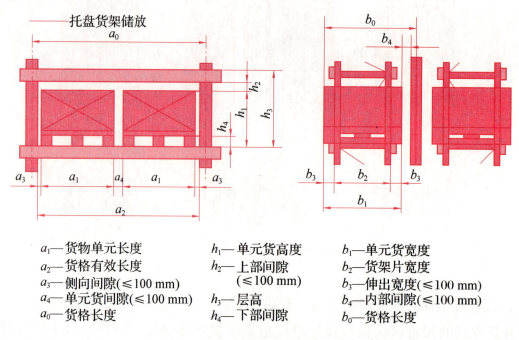

$a_1$—货物单元长度　　　　　$h_1$—单元货高度　　　　　$b_1$—单元货宽度
$a_2$—货格有效长度　　　　　$h_2$—上部间隙　　　　　　$b_2$—货架片宽度
$a_3$—侧向间隙（≤100 mm）　　　　（≤100 mm）　　　　$b_3$—伸出宽度（≤100 mm）
$a_4$—单元货间隙（≤100 mm）　$h_3$—层高　　　　　　　　$b_4$—内部间隙（≤100 mm）
$a_0$—货格长度　　　　　　　$h_4$—下部间隙　　　　　　$b_0$—货格长度

图 3-19　托盘货架存放示意

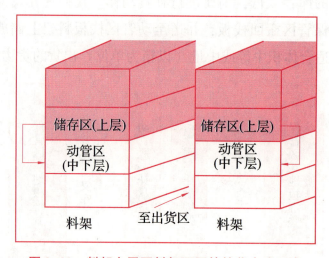

图 3-20　料架上层至料架下层的补货方式示意

## 二、补货方式

补货通常有三种方式，应根据具体情况选择。

### 1. 批次补货

批次补货是指在每天或每批次拣取前，先由计算机计算货物的总拣取量，再相对查看动管拣货区的货品量，于拣取前一特定时点补足货物。此为"一次补足"的补货原则，较适合一日内作业量变化不大，紧急插单不多，或是每批次拣取量大于事先知悉的拣取量。

### 2. 定时补货

定时补货是指将每天划分为数个时点，补货人员于时段内检视动管拣货区货架上的货物存量，若不足，则马上将货架补满。这种方法为"定时补足"的补货原则，较适合分批拣货时间固定且处理紧急时间也固定的公司使用。

### 3. 随机补货

随机补货是指定专门补货人员，随时巡视动管拣货区的货物存量，若不足，则随时补货的方式。此为"不定时补足"的补货原则，较适合每批次拣取量不大，紧急插单较多导致的一日内作业量不易事先掌握的情况。

## 三、配送中心自动补货系统的基本功能

### 1. 当库存量降低到警戒线时，系统能发出补货信号

配送中心的补货系统首先要能够及时发现需要补充订货的存货种类。警戒线存货是指补货系统预先设置的一个库存水平，当存货降至该库存水平时，配送中心就需要进行再订货操作。配送中心可以通过人工巡视发现需要再订货的存货种类，也可以通过计算机统计和一些信息收集工具发现。

### 2. 系统能提供订货数量的建议值

这是补货系统的核心职能。为了能够提供订货数量的建议值，补货系统需要考察存货的耗用规律，预测未来存货的需求，并结合存货成本进行综合分析。配送中心通常会使用比较复杂的预测模型以及通过计算机模块的帮助来发现订货数量的建议值。但对于一些需求规律变化不大的存货种类，配送中心也可以采取一些简化的经验方法来确定这个值。

### 3. 能按照要求完成订购和补货作业，使库存保持最优水平

在确定了需要补充库存的货物种类和订购数量后，配送中心还要根据该货物的耗用规律确定具体订购的时间，发出采购订单，保证货物及时入库，以确保正常供应。另外，由于一些货物不断发出，拣货区的存货将不断减少，配送中心还需要不断将货物从保管区移到拣货区，以保证拣货区的供应和配货工作的顺利进行。这就是配送中心补货系统的最后一项功能——补货作业。

## 四、补货注意事项

### 1. 取货注意事项

（1）核对取货位，货物代码、名称。

（2）发现包装损坏，内装不符、数量不对，应及时反馈给相关人员处理。

(3) 维护好周转区的货物。

(4) 按规定动作开箱。

(5) 轻拿轻放，待取货完成后，整理货位上的货物。

(6) 作业标准、及时、准确。

## 2. 补货上架注意事项

(1) 从周转区取货物时要核对取货位，货物代码、名称。

(2) 一种货物对应一个拣货位。

(3) 尽量把货物全部补到拣货位上。

(4) 把货物整齐放到拣货位上。

## 3. 其他注意事项

(1) 主动补货。

(2) 及时查询，及时补充。

(3) 结束后打扫卫生。

(4) 作业标准、及时、准确。

### 补充与链接（其他知识点整理处）

### 岗位案例分析

#### 中储物流运作模式

陕西海星便利岛连锁超市有限责任公司是陕西海星连锁超级市场有限责任公司下属全资子公司，创立于2002年1月31日。海星便利岛公司致力于推广16~24小时营业的国际标准便利店，以"便利"作为吸引顾客的主要手段，自成立以来一直秉承"节约您的时间，让您充分去享受生活"的使命感，矢志成为规模、业绩、效果和服务均达到国际一流水平的专业便利公司。表3-4是海星文林路便利岛2008年11月的某类商品出入库明细表，该月初始库存为0。

表3-4　2008年11月某类商品出入库明细表

| 商品名称 | 单价 | 入库数量 | 金额/元 | 出库数量 | 盘点结果 |
| --- | --- | --- | --- | --- | --- |
| 风馨1 | 140g/1.38元/卷 | 600卷 | 828 | 563卷 | |
| 风馨2 | 150g/1.40元/卷 | 800卷 | 1 120 | 780卷 | |
| 风馨擦手纸1 | — | 200抽 | 1 000 | 144抽 | |
| 风馨擦手纸2 | 5元/抽 | 400抽 | 2 000 | 386抽 | |
| 盒巾 | 4.7元/盒 | 30盒 | 141 | 17盒 | |
| 风馨 | 140g/1.38元/卷 | 80卷 | 110.4 | 73卷 | |
| 万佳1 | 140g/1.20元/卷 | 200卷 | 240 | 176卷 | |
| 万佳2 | 150g/1.40元/卷 | 400卷 | 560 | 356卷 | |
| 万佳3 | 175g/1.50元/卷 | 1 300卷 | 1 950 | 1 278卷 | |
| 擦手纸 | 6.5元/抽 | 60抽 | 390 | 46抽 | |
| 洗手液1 | 15元/桶 | 10箱 | 600 | 7箱 | |
| 洗手液2 | 20元/桶 | 13箱 | 1 040 | 9箱 | |
| 风馨 | 140g/1.38元/卷 | 600卷 | 828 | 572卷 | |
| 风馨 | 140g/1.38元/卷 | 800卷 | 1 104 | 655卷 | |

阅读材料，回答以下问题。

假设你是该门店的仓库管理员，请盘点该门店2008年11月的库存，并分析盘点结果。

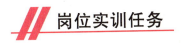

## 岗位实训任务

### 补货作业实训

**任务要求：**

通过对不同补货方式的实际操作与效果评价分析，学生可以熟练掌握不同的补货方式及其操作流程。

**任务准备：**

仓储管理系统（WMS）、半自动堆高车（或蓄电池堆高车）、手推车、手动托盘搬运车、托盘等。

**任务步骤：**

（1）分组。将学生分成若干小组，每组5人，设组长1名，安排好角色和任务，见表3-5。

表3-5 分工

| 角 色 | 任 务 |
|---|---|
| 组长 | 协调小组成员,做好任务分工,组织补货活动 |
| 补货员 | 检查补货作业区的货物情况,根据补货作业单进行补货作业 |

(2) 学生填写《岗位任务工单》(表3-6)中的任务分析、任务执行。

表3-6 岗位任务工单

| 姓 名 | | 任务名称 | |
|---|---|---|---|
| 班 级 | | 日 期 | |
| 具体内容 | | | |
| 任务分析 | | | |
| 任务执行 | | | |

(3) 每组的补货员轮流到拣货作业区检查货物数量,并报告组长。

(4) 给每个组长分发一张补货作业单,由组长安排补货员依次进行补货作业,见表3-7。

表3-7 超市补货单

| 序号 | 取货储位 | 商品编码 | 商品名称 | 规格 | 储位 | | 目标储位 | 补货 | |
|---|---|---|---|---|---|---|---|---|---|
| | | | | | 箱数 | 零散 | | 箱数 | 零散 |
| | | | | | | | | | |
| | | | | | | | | | |
| | | | | | | | | | |
| 合计 | | | | | | | | | |

(5) 作业完毕，清洁工作区，将补货产生的废料放到废料回收区，将设备归位，进行全面整理。

(6) 学生填写实训记录表（见表3-8）。

表3-8 实训记录表

| 姓名 | | 班级 | | 年　月　日 | | 星期　　第　节 | |
|---|---|---|---|---|---|---|---|
| 指导教师 | | | | 实训地点 | | | |
| 实训题目 | | | | | | | |
| 实训目标 | | | | | | | |
| 实训内容： | | | | | | | |
| 实训反思： | | | | | | | |
| 教师评语： | | | | | | 实训成绩： | |

**技能训练注意事项：**

(1) 注意按照实训操作规范进行。

(2) 注意团队意识、合作精神，学生可以互换工位进行实训。

## 总结评价

本任务考评表见表3-9。

**表3-9 任务考评表**

| 项目 | 评价等级及标准 | | | 评价方式（得分） | |
| --- | --- | --- | --- | --- | --- |
| | 优秀<br>（8~10分） | 良好<br>（5~7分） | 仍需努力<br>（1~4分） | 教师（企业导师）评价 | 同学评价 |
| 学习态度 | 课前准备充分，课上积极主动交流、思考并回答问题，努力争取出色地完成任务 | 课前按要求完成预习作业，课上能认真听讲，参与交流，努力完成任务 | 课前未能完成预习作业，课上存在走神现象，在同学的帮助下可以完成任务 | | |
| 任务完成情况 | 完全掌握完成任务所需知识 | 基本掌握本节课所学知识，但对完成任务所需知识掌握得不够熟练 | 能掌握本任务所需知识，但无法进行实际操练 | | |
| 课堂参与程度 | 积极举手发言，积极参与小组的讨论、交流与展示 | 能参与小组活动，并参与任务的分析，能完成任务，但主动性有待提高 | 较少发言，较少参与讨论与交流 | | |
| 自我评价（文字描述）： | | | | | |

## 工匠在身边

### 苏南机场的"货运工匠"——记物流"老黄牛"潘正勇

在苏南机场，和货物打交道的人都知道"老潘"，但是很少有人知道他的全名。老潘叫潘正勇，来自四川巴中的农村，2006年成为无锡空港物流有限公司一名普通的装卸工。在艰苦而平凡的工作岗位上兢兢业业、埋头苦干、任劳任怨、一干就是十年。

老潘每天都要往返于货站与机坪几十次。机坪上冬天寒风刺骨，夏天酷暑难耐，就算站着10分钟就能晒出一身汗。当别人结束一天的工作进入梦乡时，老潘才刚刚进入工作的高峰，一天下来真是筋疲力尽。记得那是2012年2月9号，当时上海扬子江快运航空有限公司开通了B747大型全货机执飞无锡—香港的第一班货机，老潘身子单薄，却顶着深夜凛冽的寒风，

项目三 拣选作业与补货作业

始终坚守在空旷的机坪上，从收运货物到组板装机，直到货机顺利飞离机场，他才拖着快冻伤的身躯离开。

老潘常说："一个人无论干什么工作，只有用心才能做到最好。"

他是这样说的，也是这样做的。

在辛苦的工作中，老潘是公认的"传帮带"的老师傅。有人说，装卸毫无技术可言，谈何工匠手艺？其实不然，装卸、理货都是机场最辛苦的工种之一，机械作业只占一小部分，绝大部分都是人力作业，怎样使有限的体力产出最大的效能，善用巧劲，不一味使用蛮力，这就是老潘这些年来一直琢磨的。在他的带领下，一批批搬运员掌握了装卸货物的各项技能，成为公司物流岗位不可或缺的战斗力。

正是这种耐心，专注，坚持，对装卸技术从未停止追求进步，让老潘成为名副其实的"装卸王"；也正是这种专业、敬业，让老潘成了实至名归的"劳模"。

老潘的工作岗位可以说是最辛苦、最平凡、最容易被人遗忘的，但他没有因为辛苦、平凡而得过且过、碌碌无为，他以"老黄牛"的劲头，全心投身投入工作，干出了成绩、干出了无锡民航人的风采。

这个任务对我们以后的学习、工作有什么启发？特别是作为补货岗位员工，应该具备什么样的职业道德、职业素养和职业精神？

_____

_____

##  想一想  练一练

**简答题**

1. 补货的方式有哪些？
2. 补货时机应怎样确定？
3. 补货要注意哪些事项？

## 项目总结

本项目首先介绍了拣货作业相关知识。拣货作业分为两部分内容，即信息处理和选货作业，还讲解了拣货作业的意义、原则、行走方式以及拣货策略等内容。其次介绍了补货作业的知识。补货作业是从保管区域将货物移到另一个为了做订单拣取而设的动管拣货区域所做的迁移作业。拣货作业一般以栈板为单位进行补货，也可以以箱为保管单位，补货流程也大致相同。

本项目主要知识点如下。

### 1. 拣货作业

（1）拣货作业的概念。

拣选是配送中心根据客户订单所规定的商品品名、数量和储存仓位地址，将商品从货垛或货架上取出，并放在指定位置上的物流作业活动。

（2）拣货作业的行走方式。

拣货作业的行走方式主要有人至货、货至人两大类。

（3）拣货作业的原则。

拣货作业除了少数自动化设备的应用外，大多是靠人工劳力的密集作业，因此在设计拣选作业系统时，普遍使用工业工程方法。

摘果式拣选：摘果式拣选是针对每一份订单（即每个客户）进行拣选，拣货人员或设备巡回于各个货物储位，将所需的货物取出，形似摘果。其特点是每人每次只处理一份订单或一个客户。

播种式拣选：播种式拣选是把多份订单（多个客户的要货需求）集合成一批，先把其中每种商品的数量分别汇总，再逐个品种分货，与播种十分相似，因此又称为"商品别汇总分播"。

### 2. 补货作业

补货作业的流程：补货的主要作业流程包括客户订货、检查拣货区存货和开始补货等。

补货作业的方式：整箱补货、整栈补货、料架上层和料架下层之间补货。

补货作业的时机：批次补货、定时补货和随机补货。

# 项目四

# 出货作业与退货作业

## 岗位任务情境

### 京东的智慧物流

2020年"6·18",购物节京东物流发布了四张大片级海报:《红的故事系列之红的未来》,就揭秘了高效供应链背后的故事,并描绘了一幅由科技创造出的未来生活全景图。它是京东物流的未来,更是关乎你我的未来世界。这样的速度,究竟是什么动力在背后全速助推?

1. 用5G重新定义速度

从飞鸽传书到驿马邮递,人类对速度的追求从未改变。随着5G时代的到来,速度的含义又将被改写。作为5G应用的最佳实验场,京东物流早在2019年便牵手中国三大运营商布局5G:在创新应用上,京东物流率先将北京亚洲一号打造成为全国首个5G智能物流园区,探索和实践身份识别、智能调度、车路协同等十多个关键场景的应用和落地,全面覆盖智能园区、智能仓储、智能枢纽、智能运输和智能配送五大领域。

2. 以技术撬动行业效率裂变

凭借在5G、人工智能、物联网等为代表的智能物流技术上的大量前瞻性布局,京东物流还在开放共生、服务全球化的进程中,打造供应链产业平台,推动着整个物流行业的效率裂变。以全供应链服务和供应链技术平台为落点,乘产业互联之风,驱动产业的质效升级,实现产业链上下游的高效协同、高速增长和价值共创。

3. 用智能供应链造福千县万镇

随着科技的进步,京东物流还在不断推动城乡物流普惠,再塑中国消费者体验。另外,京东物流表示,以后将升级"千县万镇24小时达"时效提升计划,面向低线城市及重点县镇继续布局物流新基建,创新仓储模式,提升县镇村三级物流触达能力和服务时效。与此同时,京东物流将加快供应链、快递、冷链等业务下沉,服务产业带、农产品上行,助力当地脱贫攻坚,促进区域经济发展。

**想一想：**
究竟是什么动力在背后全速助推京东速度？现代物流企业发展的出路有哪些？

# 任务一　出货作业

## 岗位任务要求

### 知识目标

1. 掌握出货作业的基本流程。
2. 掌握分货作业的主要方式。
3. 掌握出货的主要形式。

### 能力目标

能根据出货流程和方式进行货物的出货作业。

### 素养目标

立足出货岗位，培养认真谨慎的工作态度和全心全意为客户服务的意识。

## 任务分组

任务名称：_____

### 任务分组表

| 班级 | | 组号 | | 授课教师 | |
|---|---|---|---|---|---|
| 组长 | | 学号 | | 日期 | |
| 组内成员 | | | | | |
| 姓名 | | 学号 | | 备注 | |
| | | | | | |
| | | | | | |
| | | | | | |
| | | | | | |

续表

| 任务分工 |
| --- |
|  |

## 获取岗位知识

### 一、出货作业的基本流程

完成拣取后的商品按订单或配送路线进行分类，再进行出货检查，装入适当的容器或进行捆包，做好标志和贴印标签的工作，根据客户和行车路线等指示将商品运至出货准备区，最后装车配送，这一过程即为出货作业。出货作业的基本流程如图4-1所示。

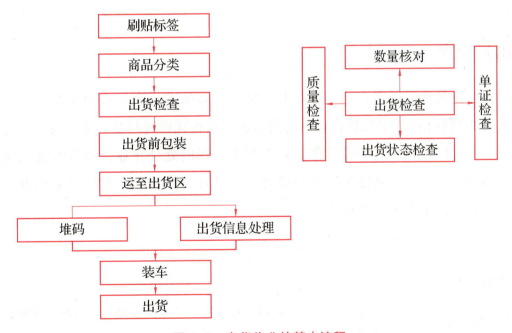

图 4-1　出货作业的基本流程

## 二、分货作业

在完成拣选作业之后,将所拣选的商品根据不同的客户或配送路线进行分类;对其中需要经过流通加工的商品,拣选集中后,先按流通加工方式分类,分别进行加工处理,再按送货要求进行分类出货。

分货大多以客户或配送路线为依据,其处理方式一般有 3 种,见表 4-1。

表 4-1　分货方式及描述

| 处理分类 | 描 述 |
|---|---|
| 人工目视 | 完全由人工根据订单分货,也就是不借助任何计算机或自动化的辅助设备,将订购商品放入已贴好各客户标签的货篮中 |
| 自动分类机 | 自动分类机利用计算机及辨识系统分货,因此具有迅速、准确、不费力的优点,在拣取数量或分类数量众多时更有效率 |
| 旋转架 | 将旋转架的每一格位当成客户的出货篮,分类时只要在计算机中输入各客户的代号,旋转架即会自动将其货篮转至作业人员面前,让其将批量拣取的商品放入。同样地,即使没有动力的小型旋转架,为节省空间,也可作为人工目视处理的货篮,只不过作业人员需要根据货架位上的客户标签自行旋转寻找,以便将商品放入正确的储位中 |

## 三、出货检查

出货检查作业包括根据客户、车次对象等对拣选商品进行商品编码及数量的核对以及产品状态及品质的检验。由于对拣货作业后的商品进行检查耗费时间及人力,故其在效率上经常是个大问题。出货检查属于判断拣货作业是否产生错误的处理作业,所以若能先找出让拣货作业不会发生错误的方法,就能免除事后检查,或只对少数易出错的货品做检查。几种常见的出货检查方法及作业方法见表 4-2。

表 4-2　常见的出货检查方法及作业说明

| 出货检查方法 | 作业说明 |
|---|---|
| 人工检查法 | 以纯人工方式进行,将商品一个个点数并逐一核对出货单,再进而查验出货的品质、水准及状态 |
| 商品条形码检查法 | 导入条形码,让条形码跟着商品跑。当进行出货检查时,只将拣出商品的条形码用扫描机读出,计算机就会自动将资料与出货单进行对比,检查是否有数量或号码上的差异 |

续表

| 出货检查方法 | 作业说明 |
|---|---|
| 声音输入检查法 | 声音输入检查法是一项崭新的技术，是由作业人员发声读出商品的名称（或代号）及数量后，计算机接收声音作自动判识，转成资料再与出货单进行对比 |
| 重量计算检查法 | 这是先利用计算机自动加总出货单上的商品重量，将拣出的货品以计重器称出总重，再以两者互相作对比的检查方式，利用装有重量检核系统的拣货台车完成拣取 |

## 四、出货状况调查

有效掌握出货状况等于掌握了公司的营运效益，对于作业管理及服务客户有很大帮助。出货资料作业内容与调查表见表4-3。

表4-3 出货资料作业内容与调查表

| 项 目 | 平均值 | 极限值 |
|---|---|---|
| 出货对象数量 | | |
| 日均出货客户 | | |
| 日均出货品项数 | | |
| 配送车辆类型 | | |
| 车辆台数/日 | | |
| 出货运送点数 | | |
| 每年出货包装箱数 | | |
| 出货所需人员数 | | |
| 日均出货的总量或总体数 | | |
| 出货形式 | | |
| 出货距离 | | |
| 出货时间（每一时刻出货的车辆数调查） | | |

## 五、出货形式

物流中心在拣货时一般是以托盘、箱、单品为单位的；出货主要按这三种形式进行。因此，针对不同的拣货及出货方式，必须采用不同的作业方式。出货形式可分为分订单拣取和批量拣取，详见表4-4。

表4-4　分订单拣取和批量拣取的出货形式

时间：

| | 拣货单位 | 经由作业 | 出货单位 |
|---|---|---|---|
| 分订单拣取 | P | 捆栈（用包装膜或绳索固定） | P |
| | P | 卸栈—捆包 | C |
| | C | 捆包 | C |
| | B | 分类 | B |
| | B | 装箱 | C |
| 批量拣取 | P | 1. 捆栈（托盘物属同一客户）<br>2. 卸栈—分类—叠栈—捆栈（拣取的托盘物不属同一客户） | P |
| | P | 卸栈—分类—捆包 | C |
| | P | 卸栈—拆箱—分类—包装 | B |
| | C | 1. 分类—捆包（整箱属同一客户）<br>2. 拆箱—分类—装箱（整箱不属同一客户） | C |
| | C | 拆箱—分类 | B |
| | B | 分类—拆箱 | C |
| | B | 分类 | B |

备注：P：托盘；C：箱子；B：单品

## 六、出货作业的质量控制

拣选作业的准确性关系到公司的商誉和客户关系。拣选作业的效率和对拣选准确性的控制成为管理的关键问题。由于出货作业的环节较多，涉及的各类岗位的人员也较多。如果发生作业差异，不但影响供应商的结算，而且影响库存的准确率和后续作业的正常进行。因此，对每个作业环节进行交接和记录对保证作业的正确性具有重要意义。出货差异检查表见表4-5。

**表 4-5　出货差异检查表**

| 出货作业交接表 | | | | | | | | | | | | | | | |
|---|---|---|---|---|---|---|---|---|---|---|---|---|---|---|---|
| 序号 | 客户名称 | 拣选单号 | 出货单号 | 整箱数 | 散货SKU数 | 拣选时间 | 人数 | 人时生产力 | 拣选差异SKU数 | 托盘数 | 笼车 | 周转箱 | 装车封锁时间 | 封条号 | 装车负责人 | 车辆号 | 单据交接 | 司机 | 出发时间 |
|  |  |  |  |  |  |  |  |  |  |  |  |  |  |  |  |
|  |  |  |  |  |  |  |  |  |  |  |  |  |  |  |  |
| 合计 |  |  |  |  |  |  |  |  |  |  |  |  |  |  |  |
| 时间 | 出货仓库 | 出货分店 | 送货单号码 | 页码 | 仓位号码 | 商品名称及规格 | 后四位条形码 | 差异类型 | 验货人 | 处理结果 |
|  |  |  |  |  |  |  |  |  |  |  |
|  |  |  |  |  |  |  |  |  |  |  |

错误类别：A—数量多；B—数量少；C—出错货；D—出漏货；E—质量问题；F—冲单

## 补充与链接（其他知识点整理处）

## 岗位案例分析

### 京东物流协助一家饺子馆实现"物流进化"

胡小艾在南肖埠开了家饺子馆，如今生意还算火暴。周围小区的住户常来饺子馆照顾生意，有些常客一顿能吃半斤饺子。胡经理说："别看现在生意还不错，刚开业那段时间，最让我头疼的就是每天怎么进货，很多利润都被物流'吃'掉了。"

刚开始一客10个烤饺子定价为5元，直接成本有饺子馅、饺子皮、调料等，每个饺子的成本大约2角。虽然存在价差空间，可是胡经理的饺子馆总是赚不到钱，原因在于每天都剩余大量原料，这些原料不能隔天使用，算上人工、水电、房租等经营成本，每个饺子的成本接近4角了。

胡经理很是感慨，如果一天卖出1 000个饺子，剩余500个饺子的原料，相当于亏损了100元左右，每个饺子的物流成本最高时可达1角，再加上粮食涨价，利润越来越薄。

后来，胡经理又开了两家连锁店，原料供货就更需要进行统筹安排了。饺子馅的原料用量要根据前一天用量进行每日预测，然后根据原料清单采购。每天采购两次，下午根据上午的消耗情况补货，晚上采购第二天的需求量。

麻雀虽小，五脏俱全。一个饺子馆的物流管理同样容不得差错。胡经理咨询了一些物流专家，发现这是波动的需求和有限的生产能力之间的冲突。大企业通常会提高生产柔性来适应瞬息万变的市场需求。

可是对于经营规模有限的小店来说，要做到这点太难了。

京东物流胡经理建议调整顾客的需求以配合有限的生产能力，即做到"平衡物流"。比如，每天的用餐高峰大概在12:00—13:00和19:00—20:00两个时段，于是胡经理就选择在11:00—11:45和18:00—18:45推出9折优惠活动，吸引了一部分对价格比较敏感的顾客，有效分散了需求。

如果遇到需求波动比较大的情况，也就是说某一种饺子的需求量非常大，如顾客要的白菜馅饺子没有了，胡经理就要求店员推销牛肉馅或者羊肉馅的饺子。另外，他还改善店面环境，安装空调，提供杂志报纸，使顾客在店里的等待时间平均从5分钟延长到了10分钟。

胡经理做了3年的饺子生意，饺子的物流成本越来越低。由于做饺子的时间长了，需求的种类和数量相对固定下来，每个饺子的物流成本就都得到了有效控制。

阅读材料，回答以下问题。

1. 胡经理在经营中遇到了哪些问题？
2. 京东物流如何从物流的角度改善了经营策略？有什么样的收益？

项目四　出货作业与退货作业

## 岗位实训任务

### 自动化仓库出货作业实训

**任务要求：**

学生根据出货和分货知识的学习，完成出货作业实训任务。

**任务准备：**

仓储管理系统（WMS）、半自动堆高车（或电瓶堆高车）、手推车、手动托盘搬运车、托盘等。

**任务步骤：**

（1）学生填写《岗位任务工单》（表4-6）中的任务分析、任务执行。

表4-6　岗位任务工单

| 姓　　名 | | 任务名称 | |
|---|---|---|---|
| 班　　级 | | 日　　期 | |
| 具体内容 | | | |
| 任务分析 | | | |
| 任务执行 | | | |

113

（2）信息员根据客户出货信息将货物的品名、数量、客户名称等具体信息录入操作系统，下发任务给堆垛机，堆垛机自动完成出库任务。操作步骤为：进入"仓储管理系统"→"出库管理"→"指定物料出库/指定货位出库"。以指定物料出库为例的出库作业如图4-2所示。

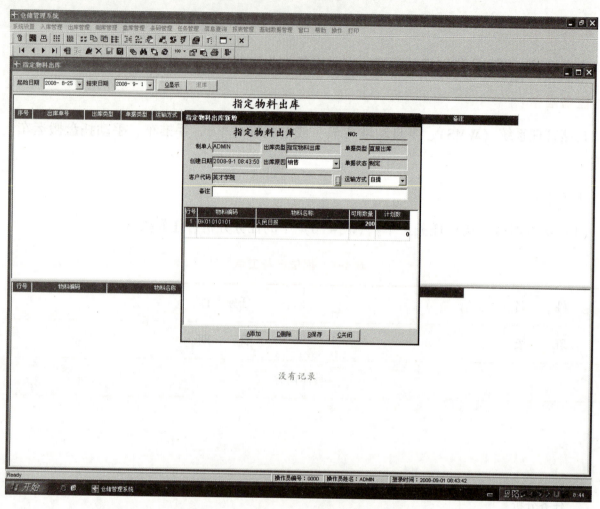

图4-2 "指定物料出库新增"对话框

（3）为保证出库货物不出差错，备货后应进行复核，复核时应注意品名、型号、规格是否同出库单一致，配套是否齐全，并按照"先进先出"原则进行出货。

（4）要求学生在此实训过程中熟悉自动化立体仓库的主要组成部分及其作用，并且熟练操作自动化立体仓库的操作系统，做到准确无误地对货物进行出、入库操作。

（5）学生填写实训记录表见表4-7。

表 4-7 实训记录表

| 姓名 | | 班级 | | 年 月 日 | | 星期 | 第 节 |
|---|---|---|---|---|---|---|---|
| 指导教师 | | | | 实训地点 | | | |
| 实训题目 | | | | | | | |
| 实训目标 | | | | | | | |
| 实训内容： | | | | | | | |
| 实训反思： | | | | | | | |
| 教师评语： | | | | | | 实训成绩： | |

**技能训练注意事项：**

(1) 在实习过程中，要严格遵守纪律，遵守实习规章制度，学生原则上不得请假，如遇到特殊情况，应向指导教师请假。

(2) 实习时不准动用与本次实习无关的设备，注意自身的安全。

## 总结评价

本任务考评表见表4-8。

**表4-8 任务考评表**

| 项目 | 评价等级及标准 | | | 评价方式（得分） | |
|---|---|---|---|---|---|
| | 优秀<br>（8~10分） | 良好<br>（5~7分） | 仍需努力<br>（1~4分） | 教师（企业导师）评价 | 同学评价 |
| 学习态度 | 课前准备充分，课上积极主动交流、思考并回答问题，努力争取出色地完成任务 | 课前按要求完成预习作业，课上能认真听讲，参与交流，努力完成任务 | 课前未能完成预习作业，课上存在走神现象，在同学的帮助下可以完成任务 | | |
| 任务完成情况 | 完全掌握完成任务所需知识 | 基本掌握本节课所学知识，但对完成任务所需知识掌握得不够熟练 | 能掌握本任务所需知识，但无法进行实际操练 | | |
| 课堂参与程度 | 积极举手发言，积极参与小组的讨论、交流与展示 | 能参与小组活动，并参与任务的分析，能完成任务，但主动性有待提高 | 较少发言，较少参与讨论与交流 | | |
| 自我评价（文字描述）： | | | | | |

这个任务对我们以后的学习、工作有什么启发？特别是作为补货岗位，应该具备什么样的职业道德、职业素养和职业精神？

_____

_____

 **想一想 练一练**

### 简答题

1. 出货的流程是怎样的？
2. 分货的形式有哪些？
3. 出货的形式有哪些？

## 任务二　退货作业

### 岗位任务要求

**知识目标**

1. 了解退货原因与处理方法。
2. 掌握退货的处理流程。

**能力目标**

能根据退货处理办法和退货处理流程进行退货作业。

**素养目标**

立足退货作业岗位，培养热心为客户服务的意识。

### 任务分组

任务名称：_____

| 任务分组表 | | | | |
|---|---|---|---|---|
| 班级 | | 组号 | | 授课教师 | |
| 组长 | | 学号 | | 日期 | |
| 组内成员 | | | | | |
| 姓名 | 学号 | | 备注 | | |
| | | | | | |
| | | | | | |
| | | | | | |
| | | | | | |
| 任务分工 | | | | | |
| | | | | | |

## 获取岗位知识

在以客户为中心的当今市场中,客户可以在任何时候买到想要的商品,付款方式也可以自己选择。一个零售企业要想拥有稳定的客户群和较低的运营成本,在激烈的竞争中处于优势地位,就必须拥有高效的退货系统。

一般而言,零售企业可以通过以下两个途径来提高退货管理的效率,降低退货管理的成本:一是针对客户和上游厂商分别制订退货政策;二是建立逆向物流体系进行退货管理。

### 一、退货原因分析

造成退货的原因很多,不但有人为因素,也有非人为因素。一般来说,退货的主要原因有以下七种。

#### 1. 无缺陷产品的退货

无缺陷产品的退货主要包括来自消费者的无缺陷退货和零售商或分销商的无缺陷退货两种类型。若要分析无缺陷退货的原因,必须从消费者和零售商或分销商入手。

消费者的无缺陷退货,主要是因为随着市场竞争的日益激烈,消费者可能因对产品的外观、型号、功能不满意或安装困难、产品不易操作或与消费者手中的原有产品不兼容等原因改变想法,从而需要退货。消费者的无缺陷退货成为当前退货中非常重要的一类。

零售商或分销商出现无缺陷退货的原因在于:部分产品具有鲜明的销售周期短、时效性强、需求波动性很大的特点,需要零售商或分销商对市场需求做出准确预测。但实际上,尽管零售商或分销商充分利用已经掌握的各种信息进行分析和预测,还采取了延迟订货策略,但预测和实际需求仍然可能存在较大误差。需求预测不准确可能使零售商或分销商订货过多,导致多余的产品在销售季节内不能销售出去,这部分剩余产品将根据制造商、分销商之间达成的协议在销售季节结束后按照一定价格退还给制造商。

#### 2. 缺陷产品的退货

由于生产技术或质量管理方面的原因导致产品在质量或功能方面出现缺陷时,这种产品的质量功能缺陷可能是消费者在使用过程中发现的,也可能是生产企业自己事后发现的。消费者在使用过程中发现质量功能缺陷后,一般都会要求退货;而商家为了提高企业的形象和满意度,一般都会给予消费者退货。当生产企业事后发现产品有质量功能缺陷时,不少大型知名企业采用主动召回政策,如数回收缺陷产品。

### 3. 装卸、运输过程中损坏产品的退货

据中国仓储协会 2004 年公布的《中国物流市场供需调查报告》显示，国内生产企业和商业企业在物流运作过程中的货损率在 2% 左右。这种损坏一方面是由于物流操作不当，如不按操作要求或程序装卸等引起的产品包装、外表以及奇特形式的产品损坏；另一方面是在运输过程中出现的运发的产品的损坏，如由于车辆颠簸或车辆事故造成的产品损坏。对于在装卸、运输过程中损坏的产品，产品接收单位肯定会拒收，最终产品只能被退回。

### 4. 订单处理失误或包装过程失误的退货

由于企业内部管理不善，员工在订单处理方面可能出现失误，如人工输入订单时出现产品或数量错误，把供应链下游企业没有订购的产品发货出去，或没有按照实际订货的数量发货而出现多发货的情况，这些错发或多发的产品也将会被下游企业或消费者退回。另外，在产品包装过程中，还可能存在产品包装完好，但内部配件缺少的问题，这也将导致消费者退货。

### 5. 交货延迟导致的退货

具有很强时效性的产品错过销售季节后，将不能销售出去或只能以很低的价格处理，甚至报废。这要求制造商能够准时交换，但现实生活中可能会出现产品生产延迟而不能准时交货的情况，这些延迟交货的产品将会被拒绝接受只能退回。

### 6. 产品过期退回

一般的食品或药品都有有效期限。例如，速冻食品、加工肉食以及小食品等。商家与供应商签订协议，若产品超过有效期，就给予退货或调货。产品由回收到销毁，均需投入许多成本，所以要事前准确分析消费者需求，或多次少量配送，以减少产品的过期现象。认真分析过期产品产生的原因，提前提醒进货商或零售商注意产品有效期限，或要求客户分担部分处理费用，这才是根本的解决之道。

### 7. 产品送错退回

由于配送中心本身处理不当所产生的问题，如拣货不确切或条形码、品项、规格、重量、数量等与订单不符的，必须换货或退回，以减少客户抱怨的次数。更重要的是，要核查资讯传达过程中所出现的问题。找出原因后，配送中心应立即采取有效的措施，如在常出错的地方增加控制点，以提高作业正确率。

## 二、退货处理的方法

退货管理中最重要的一点就是尽量减少退货量。一个企业不可能完全避免退货，但是可以通过建立退货制度使退货概率最小化。对于零售企业来说，退货制度有两种情况：一是对

客户制订一个简单易行的退货制度；二是通过和上游企业建立战略伙伴关系，协商制订可以双赢局面的退货政策。

在客户至上的大环境中，要想通过限制客户退货来减少退货量是不可能的，而通过制订一个简单易行的退货制度，对客户的退货要求做出快速反应（如接受退货产品，退回购买产品的资金），提升企业在客户心中的形象，降低管理成本，无疑是最好的选择。现在，大部分零售企业都会在规定的时间内为客户提供全额退货。制订退货制度时应包括以下几个方面：退货的时间期限、办理退换货的地点、客户在退换货时所应办理的手续。

配送中心分析退货原因后，应采用相应的方法去妥善处理。

### 1. 无条件重新发货

对于因为发货人按订单地址发货而出现错误的，应由发货人重新调整发货方案，将错发产品调回，重新按原正确订单发货，中间发生的所有费用应由发货人承担。

### 2. 运输单位赔偿

对于因为产品在运输途中受损坏而发生退货的，应根据退货情况由发货人确定所需的修理费用或相应的赔偿金额，然后由运输单位负责赔偿。

### 3. 收取费用重新发货

对于因为客户订货有误而发生退货的，由退货引起的所有费用由客户承担，待退货完成后，再根据新的订单重新发货。

### 4. 重新发货或替代

对于因为产品有缺陷而致客户要求退货的，配送中心接到退货申请后，业务人员应安排车辆收回退货产品，将产品集中到仓库退货处理区进行处理。一旦产品回收结束，生产厂家和销售部门就应立即采取措施，用没有缺陷的同一种产品或替代品重新填补零售货店的货架。办理退货的常见处理办法见表4-9。

表4-9 办理退货的常见处理办法

| 原因 | 处理办法 | 具体细则 |
| --- | --- | --- |
| 按订单发货发生错误 | 无条件重新发货 | （1）及时同发货人联系，由发货人重新调整发货方案，将发错的产品调回，按正确订单重新发货，这个阶段产生的所有费用由发货人承担。<br>（2）核查产生问题的原因，如订单错误、拣货错误、出货错误、出货单贴错、装错车等，找到原因后应立即采取有效的措施，如在常出错的地方增加控制点 |

续表

| 原因 | 处理办法 | 具体细则 |
|---|---|---|
| 运输途中货物受到损坏 | 给予赔偿 | （1）根据退货情况，由发货人确定所需的修理费用或赔偿金额，然后由运输单位负责赔偿。<br>（2）重新研究包装材料的材质、包装方式和搬运过程中的各种装车、卸货动作，找出真正的原因并加以改善 |
| 客户订货有误 | 收取费用并重新发货 | （1）按客户新订单重新发货。<br>（2）退货产生的所有费用由客户承担 |
| 产品本身存在缺陷 | 重新发货或提供替代品 | （1）物流公司接到退货要求后，业务人员应安排车辆收回退货，并将被退货物集中到仓库退货处理区处理。<br>（2）一旦产品回收结束，物流公司应督促发货方及时采取措施，用没有缺陷的同种产品或替代品重新向收货人发货 |

## 三、退货基本作业流程

客户在退货时应提出退货申请，市场和客户服务部门应就退货相关事宜同客户进行沟通和确认退货原因并开具"退货单"，以此作为客户退货、财务结算、运输交接、仓库接受退货的依据。"退货单"见表4-10。

表4-10　退货单

| 退货单位 | | | | | 日期 | | | | |
|---|---|---|---|---|---|---|---|---|---|
| 厂家 | 品种规格 | 每件支数 | 件数 | 重量 | 单价 | 金额 | 备注 | 一式三联 |
| | | | | | | | | 仓库一联 |
| | | | | | | | | 财务一联 |
| | | | | | | | | |
| 退货理由 | | | | | | | | 供应商一联 |
| 供应商 | | | | 审核 | | | 填表 | |

仓库在收到客户的退货时，应根据"退货单"尽快清理完毕，如有异议，必须以书面形式提出。

仓库应将退入仓库的货物根据其退货原因分别存放、标示。对于属供应商造成的不合格产品，应与采购部门联系，催促供应商及时提回。对于由仓库造成的不合格产品且无法修复

的，每月应申报一次并及时处理。

登记入账。对于已发放的或配货退回的产品，要及时入账，并按时向相关部门报送有关资料。

退货作业处理还需注意以下事项。

（1）配货中心应制订退货规定。作为客户服务的一部分，配送中心应建立一定的程序对退换货的检查、准许和处理等事项做出规定，使有关各方面能维持良好的关系。

（2）高层管理人员及相关部门应参与到退货作业活动中。退货管理对生产厂家和流通领域中的各方来说都是一件极其重要的事情。配送中心高层管理人员、企业的法律人员、公关人员、质量管理人员、制造工程人员以及销售人员也应参加。

（3）配送中心应选派专人负责处理产品回收事件。这样能更好地应对紧急情况，并且能高效、快速地处理事件。

（4）配送中心应制订一些预防措施。若产品回收事件处理不成功，要诉诸法律时，企业可以将已采取的预防措施作为申诉的一部分内容。

（5）要注意退货善后工作。产品回收后，要立即补发新货，以防止客户抱怨；会计账目要立即修正，以免收款或付款时出现错误，造成进一步的混乱；若有保险公司理赔，应立即依照保险理赔程序办理。

## 四、退货产品的处理

退货总是令各个商家头痛的问题，许多公司认为处理退货既费钱又麻烦。实际上，经营者应该改变一下经营思维方式，加强与客户及供应链合作伙伴的关系，建立一个良好的退换货处理系统。将有重要质量问题的产品报废，对另一些"物美价廉"的退货进行处理，这也是一个节约企业成本、提高企业竞争优势的机会。退货处理可遵循如下模式。

（1）为退货商品处理配备专门场地和专门库房，设立一个退货处理部门，由专人负责监督退货小组的工作执行情况。

（2）退货处理部门评估所退产品价值情况，用恰当的处理模式来处理退货。

（3）退货产品若因重大质量问题而无利用价值的，则直接报废；若有部分价值，则将可利用部分回收。

（4）若因退货产品有关型号、颜色、大小不符导致退换货的，则直接发至销售部门，重新销售。

（5）若产品因外包装磨损、破坏导致退货，则应更换新包装，按原售价售出。

（6）与正常品不同规格的产品，未销售完的或有变质倾向的退货产品，应降价处理。

## 五、退货处理的注意事项及相关配合处理

### 1. 注意事项

退货处理对生产厂家和流通网络中的各方来说都是一件极其严重的事情。高层管理部门应参加回收产品的一切活动,其他有关人员包括企业的法律人员、会计人员、公关人员、质量管理人员、制造工程人员以及销售人员也都应参加。同时,企业应选派专人负责处理产品回收事件,制订出一些预防措施。这样不仅能更好地应对紧急情况,而且在产品回收事件处理不成功,诉诸法律时,企业可以将已采取的预防措施作为申辩的一项内容。

### 2. 退货相关配合处理

(1) 立即补送新产品以减少客户抱怨。

(2) 会计账目上也应立即修正,以免收款或付款错误,造成进一步的混乱。

(3) 若有保险公司理赔,应立即依照保险理赔程序办理,包括保留现场证据或拍照存证,在规定时间内通知保险公司,让其准备索赔文件并计算损失,并通知本企业的法律顾问一起处理。

(4) 分析退货原因,作为日后的改进参考。在处理退货或退换货的过程中,不要与客户争吵或追究其责任。立即将有效期将至的产品按低价卖出,也是降低回收成本的好方法。

### 补充与链接(其他知识点整理处)

_____
_____
_____
_____

## 岗位案例分析

### 京东7天无理由退换货

"7天无理由退换货"是指客户(以下称"卖家")使用京东提供的技术支持和服务向买家提供的特别售后服务,允许买家按本规则及京东其他公示规则的规定对其已购特定商品进行退换货。

具体以签收日后的第二天零时起计算时间（满168小时为7天），若买家由于主观原因不愿完成本次交易，卖家有义务向买家提供退换货服务；若卖家未履行其义务，则买家有权按照本规则向京东发起对该卖家的投诉，并申请"7天无理由退换货"赔付。

（1）买家在收到商品后因不满意商品希望退换货的时候。

（2）因质量问题产生的退换货，所有邮费必须卖家承担，七天内无理由退换货质量问题的界定为货品破损或残缺。

（3）退换货商品要求具备收到时完整的外包装、配件、吊牌等；购买商品被洗过、穿过、人为破坏或标牌拆卸的不予退换；所有预定或订制特殊尺码的不予退换。

（4）非商品质量问题的退换货，应由买家承担往返运费。

特别提醒：为避免由于商品滞留造成的经济损失，对于所有退换货商品，买家应在所规定的时间内发回（以物流签收运单显示时间为准）超过规定时间仍不能将退换商品发出的，请买家与卖家自行协商处理办法。

## 京东的退货管理

京东是中国的综合性网络零售商，是中国电子商务领域受消费者欢迎和具有影响力的电子商务网站之一，在线销售家电、数码通信、计算机、家居百货、服装服饰、母婴、图书、食品、在线旅游等12大类数万个品牌百万种优质商品。2019年6月19日凌晨消息，京东"6·18"公布最终数据，从2019年6月1日0点到6月18日24点，累计下单金额达2 015亿元，覆盖全球消费者7.5亿人。京东的快速成长，与其卓越的物流管理思想及其实践密切相关。在退货方面，京东和美国第一大零售商沃尔玛合作，推出了一整套完善的退货管理系统。

1. 逆向物流的退货

京东十分重视其物流运输和配送中心，在其中投入了大量资金。在物流运营过程中，京东逐步建立起一个"无缝点对点"的物流系统。所谓"无缝"，即整个供应链链接非常顺畅，京东的供应链是指商品从工厂到商店货架的整个物流系统，这种商品的物流应当是尽可能平滑。从1990年开始，美国的一些大型连锁零售商为了提高退货处理效率，按照专门化和集约化的原则，仿照正向物流管理中的商品调配中心的形式，采用逆向思维，累计在全美分区域设立了近百个规模不等的"集中退货中心"以集中处理退货业务。这成为逆向物流管理的开始。2021年，美国通过集中退货中心处理的退货已超过总数的60%，集约化处理已成为逆向物流管理的主导方式。集中退货中心的管理既提高了返品的流通效率，又降低了逆向物流耗费的成本，加速了资金的回收。此外，集中处理退货还可以大大减少零售店和生产厂家的工作量，充分利用零售店卖场空间，也有利于收集掌握与退货相关的商业动态。

项目四 出货作业与退货作业

2. 逆向物流中的配送

京东实行统一的物流业务指导原则，不管物流项目是大是小，必须把所有物流过程集中到一个伞形结构之下，并保证供应链上每个环节都是顺畅的。这样，京东的运输、配送以及对于订单与购买的处理等所有的过程，都是一个完整网络中的一部分。完善且合理的供应链大大降低了物流成本，加快了物流速度。

3. 逆向物流中的循环

京东物流的循环与配送中心是联系在一起的，配送中心是连接供应商和市场的桥梁，供货商可以直接将商品送到配送中心，这样就降低了成本。京东的物流过程，始终注重确保商店所得到的产品与发货单上完全一致，精确的物流过程使每家连锁店接收配送中心送来的货时只需要进行卸货操作，不用再检查商品。

4. 逆向物流的零售链接

与京东的计算机系统连接后，供应方可以了解其商品的销售情况，并对未来的生产进行预测，这样有利于调整生产策略，从而掌握市场信息，降低博弈成本。

阅读材料，回答以下问题。

1. 逆向物流过程产生了哪些价值？
2. 你能从上述案例中得到什么启示？

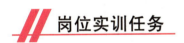

## 岗位实训任务

### 退货作业实训

**任务要求：**

学生根据退货产生的原因和退货处理方式，熟练进行退货作业。

**任务准备：**

计算机、物流单据（客户情况询问单、退货单、入库单等）。

**任务一（退货流程）步骤：**

（1）学生填写《岗位任务工单》（表4-11）中的任务分析、任务执行。

表4-11 岗位任务工单

| 姓　名 | | 任务名称 | |
|---|---|---|---|
| 班　级 | | 日　期 | |
| 具体内容 | | | |
| 任务分析 | | | |
| 任务执行 | | | |

(2) 设定退货情境,为每组学生分配角色:退货人员、客户服务人员、质量检查人员、业务员。

(3) 客户服务部门接收客户退货信息。

(4) 客户服务人员根据退货期限决定是否可以退货。

(5) 客户服务人员同意退货,联系质量检验员,检验退货质量。

(6) 质量检验员根据退货原则检验退货质量。

(7) 根据质量检验员检验的结果,客服人员决定是否办理退货手续。

(8) 核收退货后,运至仓库,并核销相关费用,退还货款给退货客户(客服人员和业务人员、会计协同办理)。

(9) 完成实训记录,见表4-12。

**表 4-12　实训记录表**

| 姓名 | | 班级 | | | 年　月　日 | 星期　第　节 |
|---|---|---|---|---|---|---|
| 指导教师 | | | | 实训地点 | | |
| 实训题目 | | | | | | |
| 实训目标 | | | | | | |
| 实训内容： | | | | | | |
| 实训反思： | | | | | | |
| 教师评语： | | | | | 实训成绩： | |

**技能训练注意事项：**

（1）在实习过程中，要严格遵守纪律，遵守实习的规章制度，学生原则上不得请假，如遇特殊情况，应向指导教师请假。

（2）实习时不准动用与本次实习无关的设备，注意自身安全。

**任务二（退货商品处理）步骤：**

退换商品占用着公司大量资金，许多公司认为退换商品既费钱又麻烦。如何处理退货商品、降低公司成本、提高公司竞争优势，是公司所有人员应该面对的问题。

（1）学生填写《岗位任务工单》，方法同任务一中表 4-11 中的任务分析、任务执行。

（2）设定退货情境，对每组学生进行质量检查人员、业务人员、采购人员等角色分配。

（3）退货处理小组开辟专门的场地或库房搁置退货及处理加工完毕的货物。

（4）质量检验人员检验退货商品，按可利用价值类、部分有价值类及完全有价值类分类。

（5）退货处理小组将无利用价值类商品退还给供应商，不能退还供应商的，进行销毁处理。

（6）对于部分有价值类的退货，组织人力进行分拆、组装和回收等，然后运送到相关部门，用于再生产。

(7) 对于其他有价值类的退货，根据具体情况，重新包装、清洗和分装，重新销售。

(8) 完成实训记录，见表4-13。

表4-13　实训记录表

| 姓名 | | 班级 | | 年　月　日 | 星期　第　节 |
|---|---|---|---|---|---|
| 指导教师 | | | | 实训地点 | |
| 实训题目 | | | | | |
| 实训目标 | | | | | |
| 实训内容： | | | | | |
| 实训反思： | | | | | |
| 教师评语： | | | | 实训成绩： | |

## 总结评价

本任务考评表见表4-14。

表4-14　任务考评表

| 项目 | 评价等级及标准 | | | 评价方式（得分） | |
|---|---|---|---|---|---|
| | 优秀<br>（8~10分） | 良好<br>（5~7分） | 仍需努力<br>（1~4分） | 教师（企业导师）评价 | 同学评价 |
| 学习态度 | 课前准备充分，课上积极主动交流、思考并回答问题，努力争取出色地完成任务 | 课前按要求完成预习作业，课上能认真听讲，参与交流，努力完成任务 | 课前未能完成预习作业，课上存在走神现象，在同学的帮助下可以完成任务 | | |

续表

| 项目 | 评价等级及标准 | | | 评价方式（得分） | |
|---|---|---|---|---|---|
| | 优秀<br>（8~10分） | 良好<br>（5~7分） | 仍需努力<br>（1~4分） | 教师（企业导师）评价 | 同学评价 |
| 任务完成情况 | 完全掌握完成任务所需知识 | 基本掌握本节课所学知识，但对完成任务所需知识掌握得不够熟练 | 能掌握本任务所需知识，但无法进行实际操练，也无法顺利完成思维导图的制作 | | |
| 课堂参与程度 | 积极举手发言，积极参与小组的讨论、交流与展示 | 能参与小组活动，并参与任务的分析，能完成任务，但主动性有待提高 | 较少发言，较少参与讨论与交流 | | |
| 自我评价（文字描述）： | | | | | |

 ## 工匠在身边

### 乐于助人的"90后"快递小哥——石强

"冀青之星""衡水市能工巧匠""最美快递员"……衡水韵达快运服务有限公司"90后"快递员石强，年龄不大，头上的光环却很耀眼。"我觉得作为一名快递员，对每一件事情都要一丝不苟，做到件件有着落、事事有回音。"每天早晨7点，石强都会将装有大大小小快件的包裹一袋袋扛上车，踏上"快递征程"。

"快递员一定要做到手勤、脚勤、眼明、心亮。"这是石强给自己定的标准。在太阳城小区，客户李先生一下子收到七八个快件，于是，石强就像演杂技一样，将快件叠加摆放整齐，托着快递件爬上六楼，送到李先生家中。放下快件，石强再熟练地用手机与李先生沟通需要退货的快件。原来，60多岁的李先生是一位聋哑人，酷爱网购，可常常因快递包裹送达时听不到电话声而错过收件，几次因快递员无法妥投而将快递原路退回。有时候收到货不满意也只能勉强收下，因为他不会"说"退货。后来，石强了解到李先生的特殊情况后主动上门，加了他的微信，以方便与他沟通交流。就这样，寒来暑往，石强成为李先生接发快递的"助理"，李先生也实现了收发快件自由。对于石强的帮助，尽管无法用语言表达谢意，但李先生会在微信中打出"谢谢"二字，也时常面带笑容，竖起大拇指向石强表达感激之情。

"助人为快乐之本"，石强这样说，也是这样做的。他表示，今后要继续踏实做事，提高自身修养，争取早日成为一名共产党员，实现自己的人生价值。

这个任务对我们以后的学习、工作有什么启发？特别是作为配送退货岗位，应该具备什么样的职业道德、职业素养和职业精神？

_____

### 想一想 练一练

#### 一、判断题

1. 若因外包装磨损、破坏导致退货的，则更换新包装，按原售价售出。（  ）
2. 无条件重新发货的，其过程中发生的全部费用由承运人交付。（  ）
3. 若产品因外包装磨损、破坏导致退货，则更换新包装折价售出。（  ）
4. 由于产品在运输途中损坏而发生退货的，根据退货情况，由运输单位确定所需的修理费用或相应的赔偿金额，并负责赔偿。（  ）
5. 若供应商提供不合格产品，应与采购部门联系，催促供应商及时提回。（  ）

#### 二、简答题

1. 简要说明退货商品的处理流程。
2. 简要说明退货流程及应注意的事项。

### 项目总结

本项目首先介绍了出货作业方面的知识。其次，介绍了退货作业的知识，零售企业可以通过以下两条途径来提高退货管理的效率、降低退货管理的成本：一是针对客户和上游厂商分别制订退货政策；二是建立逆向物流体系对退货进行管理。

本项目主要知识点如下。

#### 1. 出货作业

（1）出货作业的流程。

完成拣取后的商品按订单或配送路线进行分类，再进行出货检查，装入适当的容器或进行捆包，做好标志和贴印标签的工作，根据客户和行车路线等指示将商品运至出货准备区，然后装车配送。

（2）分货的方式。

分货大多以客户或配送路线为依据。分货的处理方式一般有3种，即人工目视、自动分类机、旋转架。

（3）出货作业的形式。

物流中心在拣取方面一般是以托盘、箱、单品为单位；出货作业主要是以这三种形式进行。

**2. 退货作业**

（1）退货产生的原因。

导致退货的情况主要有：无缺陷产品的退货；缺陷产品的退货；装卸、运输过程中损坏产品的退货；订单处理失误或包装过程失误退货；产品过期退回；产品送错退回。

（2）退货的处理办法。

退货的处理办法有无条件重新发货、运输单位赔偿、收取费用重新发货、重新发货或替代。

# 项目五

# 配送加工作业与车辆配载作业

## 岗位任务情境

### 世纪联华连锁超市为什么要建自己的生鲜加工配送中心

世纪联华连锁超市（以下简称"联华"）生鲜产品的采购来源主要有两类：本地采购和产地采购。本地采购的产品包括叶菜（蔬菜基地）、鲜肉（肉联厂）、鲜活水产（淡水养殖基地）、部分副食品（豆腐、豆浆、豆制品）、半成品凉菜、切配菜等；产地采购的产品包括大宗干菜、部分水果、冰冻水产、干鲜制品、加工制品等。大多数生鲜产品需要进行流通加工，其加工配送中心的建立可以实现统一采购、统一加工和统一配送，从而降低采购成本和物流成本。建立自己的配送中心有利于联华整合本地连锁店的销售能力，从基地直接进货，减少中间环节；部分农副产品直接从产地采购，或面向全国招标采购；部分高毛利、低技术含量的加工产品由自己加工生产，解决了消费者对产品来源的疑虑。

通过对生鲜加工配送中心的建设和运作，以及对内部的销售能力和库存的重组，联华提高了门店生鲜产品的质量控制水平，加强了采购谈判能力。在此基础上，联华可以多向产地市场采购，同时淘汰一些实力弱、运作不规范的中、小型中介商和供应商，重建有效的生鲜采购渠道。这有助于规范化管理程度，使连锁超市各门店、生鲜配送中心和供应商之间的沟通更加顺畅，也使产品的采购和供应更有保障。

建立自己的生鲜加工配送中心，可以实现企业投资合理化，生鲜加工设备一般要占到超市总投入的1/3，如果建立生鲜加工配送中心，联华前期加工工序设备可以进行集中投资，这样既避免了设备的过度投入，又可以有效保持生鲜产品的经营规模及完整性。

建立自己的生鲜加工配送中心,有助于实现产品品质、加工和管理的标准化。如果没有生鲜加工配送中心,联华就需要在各门店分散经营的生鲜区建立起统一的生鲜产品采购验收标准并在各店统一执行,实现起来相当困难,而且在管理上也容易出现一些漏洞。建立生鲜加工配送中心后,外部问题的影响会在加工配送环节得以化解,大大缓解了由于没有统一标准而给各门店生鲜区带来的管理压力。

建立自己的生鲜加工配送中心,有助于有效控制和减少连锁店铺的存货和损耗。生鲜经营的难点之一是损耗问题,对于鲜活易腐产品,合理有效地控制单店产品库存量是关键的环节,若没有生鲜加工配送中心的调控,单店的安全库存和最低订货量很难压下来。

因此,生鲜加工配送中心可以有效调控生鲜产品和联华各门店生鲜区之间的物流联系,以生鲜加工配送中心为核心,向生鲜供应链上游延伸,实现联华与生鲜商品供应商之间各种资源的重新整合,包括资金、设备、货源、人员、专业化管理、信息等,以提高联华生鲜产品供应的质量和服务水平,降低配送成本。

**想一想:**
建立自己的加工配送中心给企业带来了哪些益处?

## 任务一　配送加工作业

### 岗位任务要求

#### 知识目标

1. 掌握理解配送加工的含义、特点和类型。
2. 了解配送加工的性质和作业。
3. 掌握配送加工的各种技术。

#### 能力目标

1. 能认知基本的配送加工设备。
2. 能进行简单的货物加工、包装等操作。

#### 素养目标

1. 认识到自己职业的价值所在,树立岗位认同感和专业自豪感,奠定爱岗敬业的基础。
2. 具有前瞻性思维、协作沟通能力、总结归纳能力,以及良好的团队协作意识及沟通能力。

### 任务分组

任务名称：_____

<table>
<tr><td colspan="6" align="center">任务分组表</td></tr>
<tr><td>班级</td><td></td><td>组号</td><td></td><td>授课教师</td><td></td></tr>
<tr><td>组长</td><td></td><td>学号</td><td></td><td>日期</td><td></td></tr>
<tr><td colspan="6" align="center">组内成员</td></tr>
<tr><td colspan="2" align="center">姓名</td><td colspan="2" align="center">学号</td><td colspan="2" align="center">备注</td></tr>
<tr><td colspan="2"></td><td colspan="2"></td><td colspan="2"></td></tr>
<tr><td colspan="2"></td><td colspan="2"></td><td colspan="2"></td></tr>
<tr><td colspan="2"></td><td colspan="2"></td><td colspan="2"></td></tr>
<tr><td colspan="2"></td><td colspan="2"></td><td colspan="2"></td></tr>
<tr><td colspan="6" align="center">任务分工</td></tr>
<tr><td colspan="6"></td></tr>
</table>

### 获取岗位知识

## 一、配送加工的含义和性质

**1. 配送加工的含义**

配送加工是流通加工的一种，即对商品在从生产地到使用地的过程中，根据客户需要所施加的包装、分割、计量、分拣、刷标志、拴标签、组装等简单作业的总称，是按照客户的要求所进行的配送加工。在配送活动中，为便于流通和消费，改进商品质量，促进商品销售，有时需要根据客户的要求或配送对象的特性，对商品进行套裁、简单组装、分装、贴标、包装等加工活动。配送加工这一功能要素在配送中不具有普遍性，但往往具有重要的意义。通过配送加工可以大幅度提高客户的满意程度。配送加工一般取决于客户的要求，加工目的单一。

配送加工是配送过程中一个比较特殊的环节，它具有一定的生产性质，还将生产与消费（再生产）联系起来，起到桥梁作用，完成商品所有权与物的形态的转移。通过配送加工，能够提高原材料的利用率。进行初级加工能方便和满足客户的具体要求，从而弥补专业生产方面的不足，解决产品的标准化生产与消费个性化之间的矛盾。

常见的配送加工有冷冻加工（采取低温冻结加工，解决诸如鲜肉、鲜鱼等产品的保鲜及装卸搬运问题）；分选加工（按不同的类别、规格、数量、质量进行加工）；精制加工（进行切分、洗净、分装等加工，以方便购买者）；分装加工（大包装改小包装、精装改小包装、运输包装改销售包装）；组装加工（将一些机电设备进行组装、拆装）。

一般来说，生产的职能是使一件商品产生某种形态而具有某种使用价值。流通的主要职能是在保持商品已有形态的前提下完成商品所有权的转移，不是靠改变商品的形态创造价值。物流的主要作用是实现商品的空间移动，在物流体系中，配送加工不是通过"保护"流通对象的原有形态而实现这一作用的，而是与生产相近，通过有条件地部分改变或完善流通对象的原有形态来实现流通作用。

### 2. 配送加工的性质

流通与加工本来不属于同一范畴，流通改变产品的空间、时间状态和所有权性质，是商业行为。加工改变物质的形态和性质，使原料成为产品，是工业行为。配送加工则是为了弥补生产加工的不足，更有效地满足客户的需求，将一部分加工放在物流过程中完成，而成为物流的一个组成部分，是生产活动在物流领域的延伸，是流通职能的扩充。配送加工在现代物流系统中，主要担负的任务是提高物流系统对于客户服务的水平，具有提高物流效率和使物流活动实现增值的作用。

配送加工的出现与现代生产方式有关，现代生产发展趋势之一是生产规模大型化、专业化，依靠单品种、大批量的生产方法，降低生产成本，获取经济的高效益，这样就出现了生产相对集中的趋势。这种规模的大型化、生产的专业化程度越高，生产相对集中的程度也就越高。生产的集中化进一步引起了产需之间的分离，生产与消费之间存在着一定的空间差和时间差。某些企业生产出的产品供成千上万人消费，而某些企业消费的产品又来自其他许多生产者，这种少品种、大批量、专业化产品往往不能和消费需要密切衔接，解决这个问题的方法，就是配送加工。现在，生产和流通的进程逐渐趋于一体化，物流领域的配送加工也是这个进程中的一种表现，配送加工的诞生是现代生产发展的必然结果。

配送加工的出现还与现代社会消费的个性化有关。随着经济增长、国民收入增多，消费者的需求出现多样化。消费的个性化使本来就存在的产需分离变得更严重，生产过程中的加

工制造常常满足不了消费的要求，如果采取增加生产工序的方式，将会使生产的复杂性增加，并且按个性化需求生产的产品难以组织高效率、大批量的流通。于是，部分加工活动开始由生产过程向流通过程转移，促使配送加工活动在流通领域开展起来，而在流通过程中又形成了某些加工活动。目前，世界许多国家和地区的物流中心或仓库的经营中大量存在配送加工业务。

## 二、配送加工的作用

### 1. 提高原材料利用率

利用配送加工，将由生产厂直接运来的、简单的、规格的产品按照使用部门的要求进行集中下料。例如，将钢筋圆钢裁制成毛坯；将木材加工成各种长度及大小的板方等。集中下料可以合理套裁，有很好的技术经济效果。北京、济南、丹东等城市曾经对平板玻璃进行配送加工（集中裁制、开片供应），使玻璃的利用率从60%左右提高到85%。

### 2. 进行初级加工，方便使用

用量小或有临时生产需要的单位，因缺乏进行高效率初级加工的能力，依靠配送加工便可省去进行加工所需的投资、设备及人力，从而搞活供应，方便客户。目前发展较快的初级加工有净菜加工、将水泥加工成混凝土的加工、将原木或板方材加工成门窗的加工等。

### 3. 提高加工效率及设备利用率

建立集中加工点时，可以采用效率高、技术先进、加工量大的专门机械和设备。这样做的好处一是提高了加工质量；二是提高了设备利用率；三是提高了加工效率，使加工费用及原材料成本降低。例如，一般的使用部门在对钢板下料时，采用气割的方法，需要留出较大的加工余量，这样不但出材率低，而且由于热加工容易改变钢材的性能，加工出的钢材质量也不好。进行集中加工后可以设置高效率的剪切设备，在一定程度上克服了上述缺点。

### 4. 充分发挥各种输送手段的最高效率

配送加工环节将实物的流通分成两个阶段。通常，由于配送加工环节设置在消费地，从生产厂到配送加工这第一阶段输送距离长，而从配送加工到消费环节这第二阶段的距离短。第一阶段是在数量有限的生产厂与配送加工之间进行定点直达，大批量的远距离输送，可以采用船舶、火车等大量输送的手段；第二阶段则是利用汽车和其他小型车辆来输送经过配送加工后的多规格、小批量的产品。这样可以充分发挥各种输送手段的最高效率，提高输送速度，节省运力运费。

### 5. 降低整个物流系统的成本

通过配送加工，可以使物流过程减少损失并加快速度，因此可能降低整个物流系统的成本。

### 6. 提高附加值,使物流系统成为新的利润中心

通过配送加工,提高物流对象的附加价值后,物流系统可能成为新的利润中心。例如,我国内陆省市的许多制成品(如洋娃娃玩具、时装、工艺美术品等)在深圳进行简单的装潢加工,使产品外观功能有所改变,仅此一项就可以使产品售价提高20%以上。长期以来,我国大量出口的各种产品由于存在外包装和装潢加工方面的缺陷而降低了品质,还损失了较大的利润。

## 三、配送加工的特点

配送加工和一般的生产型加工在加工方法、加工组织、生产管理方面并没有显著区别,但在加工对象、加工程度方面的差别较大。其差别主要表现在以下五个方面。

### 1. 加工对象上的差别

配送加工的对象是已经进入流通过程的商品,与消费者的需求更接近,而生产加工的对象则是原材料、零配件、半成品。

### 2. 加工程度上的差别

配送加工的程度大多是简单加工,如果必须进行复杂加工才能生产出人们所需要的商品,就应设计专门的生产加工工序。配送加工绝不是生产加工的代替,而是对生产加工的辅助及补充。

### 3. 加工价值上的差别

从价值观点来看,生产加工的目的在于创造价值和使用价值,而配送加工则是为了实现产品的价值和完善其使用价值的。

### 4. 加工目的上的差别

配送加工有时候以自身流通为目的,为物流创造条件,这也是配送加工不同于一般生产加工的特殊之处。

### 5. 企业性质上的差别

配送加工的组织者是从事流通工作的人,能密切结合流通的需要进行这种加工活动。从生产单位来看,配送加工由商业或物资流通企业完成,生产加工则由制造业的生产企业完成。

## 四、配送加工的主要类型

### 1. 为弥补生产领域加工不足进行的深加工

许多产品在生产领域只能加工到一定程度,这是因为许多因素限制了生产而不能完全实

现终极加工。例如,钢铁厂的大规模生产只能按标准定的规格生产,以使产品有较强的通用性,使生产能有较高的效率和效益;对于木材,如果在产地完成成材加工或制成木制品,就会给运输造成极大的困难,所以原生产领域只能加工到圆木、板、方材这个程度,进一步的下料、切裁、处理等加工则由配送加工完成。这种配送加工实际是生产的延续,是生产加工的深化,对弥补生产领域的加工不足具有重要意义。

### 2. 为满足需求多样化进行的服务性加工

由于需求存在着多样和变化两个特点,为满足这种要求,流通部门常常对某些原料进行初级加工。例如,将大的板材、线材按客户需求进行切割等。对生产者来讲,现代生产的要求是尽量减少流程,集中力量从事较复杂的技术性较强的劳动,而不愿意将大量初级加工包揽下来。如果这种初级加工由配送加工来完成,生产者便可以缩短自己的生产流程,以此来提高生产效率。

### 3. 为保护产品所进行的加工

在物流过程中,直到客户投入使用前,都存在着对产品的保护问题,即防止产品在运输、储存、搬运、包装等过程中遭受损失,使其可以顺利实现使用价值。与前两种加工不同,这种加工并不改变进入流通领域的产品的外形和性质。这种加工主要采取的加工方式是稳固、改装、冷冻、保鲜、涂覆等。

### 4. 为提高物流效率进行的加工

有一些产品本身的形态使其物流操作难以进行。例如,鲜活产品储存困难、过大设备搬运困难、气体物品运输困难等。进行配送加工,可以使这些产品物流较易于操作,这种加工往往改变"物"的状态,但并不改变其化学特性,并最终仍能恢复其原来的物理状态。

### 5. 为促进销售进行的配送加工

配送加工可以从若干方面起到促进销售的作用。例如,将大包装或散装物加工成适合一次性销售的小包装的分装加工;将原来以保护产品为主的运输包装改换成以促进销售为主的装潢性包装,以起到吸引消费者、指导消费的作用;将零配件组装成用具、车辆以便直接销售;将蔬菜、肉类洗净切开,以满足消费者的需求等。这种配送加工可能不改变产品的本体,而只进行简单的改装加工,也有许多是组装、分块等深加工。

### 6. 为提高加工效率进行的配送加工

许多生产企业的初级加工由于加工数量有限,难以投入先进的科学技术,且加工效率不高。而配送加工以集中加工的形式,解决了单个企业加工效率不高的弊病。或者可以一家配送加工企业代替若干生产企业的加工工序,使加工效率提高。

### 7. 为提高原材料利用率及货物除杂进行的配送加工

配送加工利用其综合性强、客户多的特点，可以实行合理规划、合理套裁、集中下料的办法，这就能有效提高原材料的利用率，减少损失浪费。例如，有一些大宗的货物（如煤炭、粮食等）中含有一些杂质，会影响其运输效率和效益，所以物流中心可对其进行除杂加工。

### 8. 为衔接不同的运输方式，使物流合理化进行的配送加工

在干线运输及支线运输的节点设置配送加工环节，可以有效地解决大批量、长距离干线运输和多品种、小批量、多次末端运输以及集货运输之间的衔接问题。一般是在配送加工点与大生产企业间形成大批量、定点运输的渠道，又以配送加工中心为核心，组织对多个客户的配送，也可在配送加工点将运输包装转换为销售包装，从而有效衔接不同目的的运输方式。

### 9. 为使"生产—流通"一体化的配送加工

依靠生产企业与流通企业的联合，或者生产企业涉足流通，或者流通企业涉足生产，形成对生产与配送加工进行合理分工、合理规划、合理组织且统筹生产与配送加工的安排，这就是"生产—流通"一体化的流通形式。这种形式可以促成产品结构及产业结构的调整，充分发挥企业集团的经济技术优势，是目前配送加工领域的新形式。

## 五、配送加工的主要技术

### 1. 生鲜食品的配送加工

（1）冷冻加工。

冷冻加工是指为解决鲜肉、鲜鱼在流通过程中的保鲜和搬运装卸的问题而采取低温冻结方式的加工。这种配送加工方式也用于某些流体商品、药品等。

（2）分选加工。

农副产品离散情况较大，为获得一定规格的产品，采取人工或机械分选的方式加工，称为分选加工。该方式广泛应用于果类、瓜类、谷物、棉毛原料等。

（3）精制加工。

精制加工是对农、牧、副、渔等产品，在产地或销售地设置加工点，去除其无用部分，甚至可以对其进行切分、洗净、分装等加工。这种加工不但大大方便了消费者，而且还可对加工的淘汰物进行综合利用。例如，鱼类精制加工所剔除的内脏可以制成某些药物或饲料，鱼鳞可用于制高级黏合剂，头尾可以制鱼粉等；蔬菜的加工剩余部分可以制饲料、肥料等。

（4）分装加工。

许多生鲜食品零售起点较小，为保证高效输送，其出厂包装普遍较大，也有一些是采用

集装运输方式运达销售地区的。为了便于销售，会在销售地区按所要求的零售起点进行新的包装，即将大包装、散装改小包装，运输包装改成销售包装，这种方式就称为分装加工。

### 2. 轻纺产品的配送加工

（1）服装的配送加工。

服装的配送加工（Receive Sort Distribute，RSD）是对时装进行的接收、分类和配送服务。RSD 是澳大利亚 TNT 公司下属一家分公司开展的一项物流服务业务。它可以为客户提供从任何地方来、到任何地方去的时装配送加工、运输、配送的服务。时装 RSD 运输服务是建立在时装仓库基础上的。时装仓库最大的特点是，具有悬挂时装的多层仓库导轨系统。一般用 2~3 层导轨悬挂的时装，可以直接传输到运输时装的集装箱中，形成时装取货、分类、库存、分送的仓储、配送加工、配送等的集成系统。在这个基础上，无论是平装还是悬挂的时装，都可以最优越的时装运输条件，进行"门到门"的运输服务。在先进的时装运输服务基础上，公司开展 RSD 服务项目，实质是一种配送加工业务。RSD 服务满足了时装制造厂家、进货商、代理商或零售商的需要，根据客户及市场的情况对时装取货、分类、分送的全过程负责。时装 RSD 服务可以完成制衣过程的质量检验等工作，并在时装仓库中完成进入市场前的准备工作，具体如下。

①取货：直接到制衣厂上门取时装。

②分类：根据时装颜色、式样分类。

③检查：时装颜色、脱线等质量问题。

④装袋：贴标签后装袋、装箱。

⑤配送：按照销售计划，直接送达经销商或客户手中。

⑥信息服务与管理：提供相应的时装信息服务和计算机管理。

许多属于生产过程的工作程序和作业可以在仓储过程中完成，这是运输业服务的前向和后向延伸，是社会分工协作的又一具体体现。这样，服装生产商可以用最小的空间（生产产地）、最少的时间、最低的成本来实现自己的销售计划，物流企业也有了相对稳定的业务量。这种加工以适应客户需求变化，服务客户为目的，不仅能够提高物流系统的效率，对于生产标准化和计划化、提高销售效率、提高商品价值、促进销售也将越来越重要。

（2）鞋类的配送加工。

鞋类产品的材料在选用时不仅要考虑产品的使用和性能，而且在设计之初就要考虑环境因素，了解所选材料在鞋的整个生命周期中对环境的影响。选材时，应遵循以下原则。

①优先选用可再生材料和可回收材料，提高资源利用率。

②减少使用材料的种类，尽量用类似的成分进行加工。在回收处理时需先剔除如鞋底上钉的钉子这样的金属件，以免增加回收处理成本。

③尽量选用低能耗、少污染的材料。

鞋的结构设计在不影响使用功能的情况下,应从节省材料、易于装配、可拆卸和回收等方面考虑。对楦型、帮样和底部的设计等应认真考虑其生命末期的处理。例如在皮鞋的帮样设计和样板处理过程中,不仅要考虑其合脚性,还要便于后续工艺的操作,利于节省人力、物力,而且样板制作要在合理的基础上,便于套划、利于节省材料。

鞋类产品的包装设计应遵循以下原则。

①实行减量化包装。

②包装应易于重复利用或回收再生。

③包装废弃物可以降解。

④包装材料对人体和生物应无毒无害。

⑤鞋的包装从原材料采集、加工、制造、使用、废弃物回收直到最终处理的生命周期全过程,均不应对人体和环境造成危害。

### 3. 木材的配送加工

(1) 磨制木屑压缩输送。木材是密度小的货物,在运输时占有相当大的容积,往往使车船满装但不能满载。同时,装车、捆扎也比较困难。林区外送的原木中,有相当一部分属于造纸材(用来作为造纸原料的木材),一些国家采取在林木生产地就地将原木磨成木屑,然后进行压缩,使之成为密度较大、容易装运的形状,再运至靠近消费地的造纸厂,取得了较好的效果。根据美国的经验,采取这种办法比直接运送原木可节约一半的运费。

(2) 集中开木下料。在配送加工点,工作人员将原木锯裁成各种规格的木材,同时将碎木、碎屑集中加工成各种规格的板材,甚至还可进行打眼、凿孔等初级加工。过去生产商直接使用原木,不但加工复杂、加工场地加大、加工设备增多,而且更严重的是资源浪费大,木材平均利用率不到50%,平均出材率不到40%。实行集中下料,按客户要求供应规格料,可以使原木利用率提高到95%,出材率提高到20%左右,具有相当大的经济效果。

### 4. 平板玻璃的配送加工

平板玻璃的"集中套裁,开片供应"是重要的配送加工方式。这种方式是在城镇中设立若干个玻璃套裁中心,负责按客户提供的图纸统一套裁开片,为客户供应成品,客户可以将其直接安装在采光面上。在此基础上,可以逐步形成从工厂到套裁中心的稳定的、高效率的、大规模的平板玻璃"干线输送",以及从套裁中心到客户的小批量、多户头的"二次输送"这样一种现代物流模式。

### 5. 煤炭等燃料的配送加工

(1) 除矸加工。除矸加工是以提高煤炭纯度为目的的加工形式。一般煤炭中混入的矸石有一定的发热量,是允许混入一些矸石的,也是较经济的。但是,有时也不允许在煤炭中混入矸石。例如,在运力十分紧张的地区,要求充分利用运力,多运"纯物质",少运矸石。在这种情况下，可以采用除矸的配送加工方式排除矸石。

（2）为管道输送煤炭浆进行的煤浆加工。煤炭的运输主要采取容器载运方法，运输中损失浪费较大，又容易发生火灾。

（3）配煤加工。在使用地区设置集中加工点，将各种煤及其他一些发热物质，按不同配方进行掺配加工以生产出各种不同发热量的燃料的过程，称为配煤加工。这种加工方式可以按需要的发热量进行生产和供应燃料，可防止"大材小用"燃能浪费的情况，也可防止发热量过小，不能满足使用要求的情况出现。工业用煤经过配煤加工，还可以起到便于计量控制、稳定生产过程的作用，在经济和技术方面都有价值。

（4）天然气、石油气的液化加工。由于气体输送、保存都比较困难，天然气及石油气往往只好就地使用，如果当地资源充足，使用不完，往往就地燃烧掉，从而造成浪费和污染。两气的输送可以采用管道，但因投资大、输送距离有限，其发展也受到制约。在产出地将天然气或石油气压缩到临界压之上，使之由气体变成液体，就可以用容器装运了，而且使用时机动性也较强。这是目前采用较多的一种方式。

### 6. 水泥的配送加工

在需要长途调入水泥的地区，变调入成品水泥为调进熟料半成品，再在该地区的配送加工据点（粉碎工厂）粉碎，并根据当地资源和需要的情况掺入混合材料及外加剂，制成不同品种及标号的水泥，供应该地客户。这是目前水泥配送加工采取的重要形式之一。在国外，采用这种物流形式已达到一定比例。

在需要经过长距离输送供应的情况下，以熟料形态代替传统的粉状水泥，有很多优点。

（1）可以大大降低运费、节省运力。

调运普通水泥和矿渣水泥约有超过30%的运力消耗在运输矿渣及其他各种混合材料上。在我国，水泥需用量大的地区，工业基础大都较好，当地又有大量的工业废渣，如果在使用地区对熟料进行粉碎，可以根据当地的资源条件选择混合材料的种类，这样就节约了消耗在混合材料上的运力和运费。同时，水泥输送的吨位也大大减少，有利于缓解铁路运输紧张的状态。

（2）更大限度地满足当地实际需要。

可按照当地实际需要，大量掺加混合材料，生产廉价的低标号水泥，发展低标号水泥品种，在现有生产能力的基础上，更大限度地满足需要。目前我国大、中型水泥厂生产的水泥平均标号逐年提高，但是更需要大量较低标号的水泥。然而大部分施工部门没有在现场加入混合材料以降低水泥标号的技术力量和设备，因此，不得已而使用标号较高的水泥，这是很大的浪费。如果以熟料为长距离输送的形态，在使用地区进行加工粉碎，就可以按实际需要生产各种标号的水泥，尤其可以大量生产低标号的水泥，减少水泥长距离输送的数量。

（3）容易以较低的成本实现大批量、高效率的输送。

从国家的整体利益方面来看,在铁路输送中,利用率较低的输送方式显然不是发展方向。如果采用输送熟料的配送加工形式,则既可以充分利用站、场、仓库现有的装卸设备,又可以利用普通车皮装运,相对于散装水泥的方式,具有更好的技术经济效果。

(4) 可以大幅度降低水泥的输送损失。

水泥的水硬性是充分磨细之后才表现出来的,而未磨细的熟料,抗潮湿的稳定性很强。所以输送熟料也可以防止由于受潮而造成的损失。此外,颗粒状的熟料不像粉状水泥那样易于散失。

(5) 能更好地衔接产需,方便客户。

从货物管理的角度来看,如果长距离输送是定点直达的渠道,这对于加强计划性、简化手续、保证供应等方面都有利。采取长途输送熟料的方式,水泥厂可以和有限的熟料粉碎厂之间形成固定的直达渠道,能形成经济效果良好的物流体系。水泥的客户也可以不出本地区,而直接向当地的熟料粉碎厂订货,因此产需关系更容易沟通,具有明显的优势。

### 7. 机械产品及零配件的配送加工

多年以来,自行车及机电设备储运困难较大,主要原因是不易包装,若采用防护包装,则包装成本更大,并且运输装载困难、装载效率低、流通损失严重。但是,这些货物有一个共同点,即装配较简单、装配技术要求不高、主要功能已在生产中形成、装配后不需进行复杂检测及调试。所以,为解决储运问题、降低储运费用,采用半成品(部件)高容量的包装出厂,再在消费地拆箱组装的方式。组装一般由流通部门进行,组装之后随即进行销售。这种配送加工方式近几年来已在我国广泛应用。

### 8. 钢材剪板及下料的配送加工

热轧钢板和钢带、热轧厚钢板等钢材的最大交货长度可达12m,有的是成卷交货,对于用量不大的企业和多数中、小型企业来讲,单独设置剪板、下料的设备有设备闲置时间长、人员浪费大、不易采用先进方法的缺点。钢板的剪板及下料加工可以有效地解决上述弊病。剪板加工是在固定的地点设置剪板机,下料加工是设置各种切割设备,将大规格钢板裁小,或切裁进行剪板加工,然后将小规格钢板进行销售的配送加工形式。和钢板配送加工类似的,还有圆钢、型钢、线材的集中下料、线材冷拉加工等。

### 9. 冷链系统和商品混凝土的配送加工

冷链系统和商品混凝土是两种特殊的配送加工形式。一般的配送加工都是在物流节点上进行加工,而冷链系统和商品混凝土中的一种加工方式(不是全部商品混凝土),是在流通线路上,在流通设施运行的过程中进行加工,所以,这和一般的配送加工概念又有区别。

(1) 冷链系统。物流领域面对的物流对象,遍及整个国民经济的所有工业产品,这些产品的物流要求有很大的差异。如果对这个领域作出细分,会有几百种不同的物流方式,例如,粮食物流、煤炭物流、水泥物流、钢材物流、蔬菜物流、鸡蛋物流、饮用水物流等。尽管物流系统的物流对象和要求不同，但是都可以通过各种包装进行组合，这就解决了千百种物流对象的特殊物流问题。但是，有一些物流对象有其他要求，例如，生鲜食品要求在物流过程中必须保持一定的温度，要创造这个环境条件，就不能采用通常的方法，冷链系统就是在物流过程中创造物流环境的温度条件以进行控温或冷藏、冷冻的一种特殊的物流系统。冷链中"链"的含义，指的是"全过程"，与一般冷藏物流系统相比，特别强调一开始就进入所要求的温度环境中，直到交给消费者。例如，水果从采摘之后开始，直到交给消费者；肉类从屠宰冷却之后开始，直到交给消费者，其全过程都在有效的温度环境控制之下。

（2）集中搅拌供应商品混凝土。改变将粉状水泥供给客户，由客户在建筑工地现制现拌混凝土的习惯使用方法，而将粉状水泥输送到使用地区的配送加工据点（集中搅拌混凝土工厂或称生混凝土工厂）搅拌，成生混凝土，然后供给各个工地或小型构件厂使用。这是水泥配送加工的另一种重要方式。其经济效果优于直接供应或购买水泥在工地现制混凝土的经济效果，因此，受到许多工业发达国家的重视。这种配送加工形式具有以下优点。

①集中搅拌把水泥的使用从小规模的分散形态改变为大规模的集中加工形态，因此，可以充分应用现代化的科学技术，组织现代化的大生产；可以发挥现代化设备和现代化管理方法的优势，大幅度地提高生产效益和混凝土质量。

②集中搅拌可以采取准确的计量手段和选择最佳的工艺；可以综合考虑添加剂、混合材料的影响，根据不同的需要大量使用混合材料，搅拌不同性能的混凝土；又能有效控制原料质量和混凝土的离散程度，提高混凝土质量，节约水泥使用量。采用集中搅拌一般能比分散搅拌减少 20~30kg 的水泥使用量。

③与分散搅拌比较，在相等的生产能力下，集中搅拌可大幅降低设备在吨位、设备投资、管理费用、人力及电力等方面的消耗。由于生产量大，可以采取措施回收废水，防止污染，保护环境。由于设备固定不动，还可以避免因经常拆建所造成的设备损坏，延长设备的使用寿命。

④采用集中搅拌的流通方式，可以使水泥的供应渠道更加合理。这是因为，在集中搅拌站（厂）与水泥厂（或水泥库）之间可以形成固定的供应渠道，这些渠道的数目大大少于分散使用水泥的渠道数目，在这些有限的供应渠道之间，就容易采用高效率、大批量的输送形态，有利于提高水泥的散装率。在集中搅拌场所内，还可以附设熟料粉碎设备，直接使用熟料，实现熟料粉碎及搅拌生混凝土两种配送加工形式的结合。

⑤采用集中搅拌混凝土的方式，也有利于新技术的推广应用，大大简化工地的材料管理、节约施工用地等。

**10. 蔬菜的配送加工**

近年来，由于一些发达国家的蔬菜生产成本加大，不少国家和地区都愿意从我国进口廉价蔬菜。为推动我国加工业由资源优势向经济优势转变，有关专家认为，今后的蔬菜加工应往以下七个方向发展。

（1）脱水蔬菜。这种蔬菜经过干燥技术处理体积大大缩小。以鲜葱为例，每13t鲜葱经加工后得到1t脱水葱，并且不必冷藏运输，保存十分方便。加工时通常采用冷冻干燥法，先将其冷冻，使植株体内的水分冷冻成冰状，而后移放于较高温度的真空干燥条件下，使冰迅速化为水汽而蒸发掉。经过脱水加工的蔬菜复水性好，维生素和其他营养成分不受破坏，深受国际市场欢迎。

（2）速冻蔬菜。将洗净的蔬菜经漂洗处理后，放入温度为-18~-5℃的环境中，经较短的时间和极快的速度使之冰化，在低温条件下较好地保持原蔬菜的色、香、味和各种有效营养成分。速冻蔬菜的特点是冻后的复原性能好，近似于新鲜蔬菜。

（3）净洁蔬菜。这种蔬菜只适合在城市近郊加工。其方法是将收获的新鲜蔬菜经初加工，剔除残根、老叶、虫伤株，洗净后包装成干净的蔬菜上市销售。此菜的特点是新鲜净洁，消费者购买后可以直接食用，十分方便、快捷。

（4）菜汁饮料。这是一种新型纯天然保健饮料。其加工方法是先将蔬菜洗净，通过研磨粉碎获取70%~80%的悬胶状蔬菜原汁。菜汁饮料能保持蔬菜原有的风味和营养，其特点是口感好、风味独特，可与茶、酒、奶等配制成混合型饮料。

（5）辣味蔬菜。辣味蔬菜可促进人的食欲，又能溶解脂肪，具有一定的减肥效果。

（6）粉末蔬菜。以新鲜蔬菜为原料，通过干冷脱水后研磨成粉末，然后加入在其他食品中，以提高食品的风味与营养。

（7）美容蔬菜。黄瓜、西瓜等一些瓜类汁液，具有保护皮肤、防止衰老的功效。提取纯的瓜汁与高级脂肪、化工原料进行科学调配，可制成高级护肤美容霜、洗面美容剂等。

### 11. 绿色配送加工

绿色配送加工是流通部门对环境保护可以有大作为的领域。绿色配送加工的途径主要分为两个方面。一方面将消费者分散加工变为专业集中加工，以规模作业加工提高资源利用效率，从而减少环境污染，如餐饮服务业对食品的集中加工可以减少家庭分散烹调所造成的能源浪费和环境污染。另一方面，集中处理消费品加工产生的边角废料，以减少消费者分散加工所造成的废弃物污染，如流通部门对蔬菜的集中加工解决了居民的分散垃圾丢放及相应的环境治理问题。随着社会的发展，节约资源、保护环境已不仅仅是企业进行的一种公益事业，已成为企业必须履行的社会义务。绿色事业不仅为企业开辟了新的经营发展领域，也给企业带来了新的拥有巨大潜力的商机。企业必须树立自己的绿色经营理念。

### 补充与链接（其他知识点整理处）

---

## 岗位案例分析

### 超市食品的流通加工

食品的流通加工的类型很多。只要留意超市里的货柜就可以发现，那里摆放的各类洗净的蔬菜、水果、肉末、鸡翅、香肠、咸菜等都是流通加工的结果。这些商品的分类清洗、贴商标和条形码、包装、装袋等是在摆进货柜之前就已进行了加工作业，这些流通加工都不是在产地，而是脱离生产领域，进入流通领域。食品流通加工的具体项目主要有如下四种。

（一）冷冻加工

为了保鲜而进行的流通加工，为了解决鲜肉、鲜鱼在流通中保鲜及装卸搬运的问题，采取低温冻结方式的加工。这种方式也常用于某些液体商品、药品等。

（二）分选加工

为了提高物流效率而进行的对蔬菜和水果的加工，如去除多余的根叶等。农副产品规格、质量离散情况较大，为获得一定规格的产品，采取人工或机械分选的方式加工称为分选加工。这种方式广泛用于果类、瓜类、谷物、棉毛原料等。

（三）精制加工

农、牧、副、渔等产品的精制加工是在产地或销售地设置加工点，去除无用部分，甚至可以进行切分、洗净、分装等加工，可以分类销售。这种加工不但大大方便了购买者，而且还可以对加工过程中的淘汰物进行综合利用。比如，鱼类的精制加工所剔除的内脏可以制成某些药物或用作饲料，鱼鳞可以制高级粘合剂，头屋可以制鱼粉等；蔬菜的加工剩余物可以制饲料、肥料等。

（四）分装加工

许多生鲜食品零售起点较小，而为了保证高效输送出厂，包装一般比较大，也有一些是采用集装运输方式运达销售地区。为了便于销售，在销售地按所要求的零售起点进行新的

146

包装，即大包装改小包装，散装改小包装，运输包装改销售包装，以满足消费者对不同规格包装的需求，从而达到促销的目的。

此外，半成品加工、快餐食品加工也成为流通加工的组成部分。这种加工形式，节约了运输等物流成本，保护了商品质量，增加了商品的附加价值。例如葡萄酒是液体，从产地将其原液批量运至消费地配制、装瓶、贴商标，包装后出售，既可以节约运费，又不容易破损，成本低而售价高。

阅读材料，回答以下问题。

1. 对食品进行流通加工的作用体现在哪些方面？
2. 与生产加工相比，流通加工有何特点？

## 岗位实训任务

### 纸箱包装作业

**任务要求：**

用打包机给纸箱打包。

**任务准备：**

手动打包机 5 部、打包带 1 捆、工业用纸箱 20 个、工作手套若干副。

**任务步骤：**

（1）学生填写《岗位任务工单》（表 5-1）中的任务分析、任务执行。

表 5-1　岗位任务工单

| 姓　名 | | 任务名称 | |
|---|---|---|---|
| 班　级 | | 日　期 | |
| 具体内容 | | | |
| 任务分析 | | | |

续表

| 任务执行 | |
|---|---|

(2) 观看手动打包机的操作流程视频。

手动打包机（图 5-1）广泛应用于食品、医药、五金、化工、服装、邮政等行业，适用于纸箱打包、纸张打包、包裹信函打包、药箱打包、轻工业打包、五金工具打包、陶瓷制品打包、汽车配件打包、日化用品打包、文体用品打包、器材打包等的自动打包捆扎。

(3) 教师向学生介绍手动打包机的工作原理与工作流程。使用半自动打包机完成一个纸箱的包装，并在展示过程中向学生强调要注意的地方及细节问题。

(4) 学生到指定位置就位，认真听有关要求，使用手动打包机给指定商品打包。

图 5-1　手动打包机

(5) 教师在学生操作过程中进行个别辅导与巡视。

(6) 学生完成任务后，完成工作报告。

(7) 教师点评并进行实训总结。

(8) 学生填写实训记录表（表 5-2）。

表 5-2　实训记录表

| 姓名 | | 班级 | | 年　月　日 | | 星期　　第　　节 |
|---|---|---|---|---|---|---|
| 指导教师 | | | | 实训地点 | | |
| 实训题目 | | | | | | |
| 实训目标 | | | | | | |

续表

| 实训内容： |  |
| --- | --- |
| 实训反思： |  |
| 教师评语： | 实训成绩： |

**技能训练注意事项：**

（1）在实习过程中，要严格遵守纪律，遵守实习的规章制度，学生原则上不得请假，如有特殊情况，应向指导教师请假。

（2）实习时不准动用与本次实习无关的设备，注意自身安全。

## 总结评价

本任务考评表见表5-3。

表5-3 任务考评表

| 项目 | 评价等级及标准 ||| 评价方式（得分） ||
| --- | --- | --- | --- | --- | --- |
|  | 优秀<br>（8~10分） | 良好<br>（5~7分） | 仍需努力<br>（1~4分） | 教师（企业导师）评价 | 同学评价 |
| 学习态度 | 课前准备充分，课上积极主动交流、思考并回答问题，努力争取出色地完成任务 | 课前按要求完成预习作业，课上能认真听讲，参与交流，努力完成任务 | 课前未能完成预习作业，课上存在走神现象，在同学的帮助下可以完成任务 |  |  |
| 任务完成情况 | 完全掌握完成任务所需知识 | 基本掌握本节课所学知识，但对完成任务所需知识掌握得不够熟练 | 能掌握本任务所需知识，但无法进行实际操练 |  |  |

续表

| 项目 | 评价等级及标准 | | | 评价方式（得分） | |
|---|---|---|---|---|---|
| | 优秀<br>（8~10分） | 良好<br>（5~7分） | 仍需努力<br>（1~4分） | 教师（企业导师）评价 | 同学评价 |
| 课堂参与程度 | 积极举手发言，积极参与小组的讨论、交流与展示 | 能参与小组活动，并参与任务的分析，能完成任务，但主动性有待提高 | 较少发言，较少参与讨论与交流 | | |
| 自我评价（文字描述）： | | | | | |

通过这个任务的完成，对我们以后的学习、工作有什么启发？特别是作为一线的操作者，应该具备什么样的职业道德、职业素养和职业精神？

_____

_____

 **想一想 练一练**

**简答题**

1. 配送加工在物流中的重要意义有哪些？
2. 配送加工与一般的生产加工的区别主要有哪些？
3. 实现流通加工的合理化主要应考虑哪些方面的因素和原则？
4. 常见的配送加工主要有哪些？

## 任务二 车辆配载作业

### 岗位任务要求

**知识目标**

1. 了解车辆配载的意义。
2. 掌握车辆配载的两种方法。

项目五 配送加工作业与车辆配载作业

### 能力目标

能用各种车辆配载方法为车辆配装货物。

### 思政目标

1. 培养终身学习和自主学习的习惯。
2. 培养良好的沟通能力和主人翁意识。

## 任务分组

任务名称：_____

| 任务分组表 | | | | | |
|---|---|---|---|---|---|
| 班级 | | 组号 | | 授课教师 | |
| 组长 | | 学号 | | 日期 | |
| 组内成员 | | | | | |
| 姓名 | | 学号 | | 备注 | |
| | | | | | |
| | | | | | |
| | | | | | |
| | | | | | |
| 任务分工 | | | | | |
| | | | | | |

## 获取岗位知识

按订单分拣配货后，下一步就是运送了。由于所配送货物的特性和运送的目的地不一样，为节约运力，减少配送的吨千米数，降低配送费用，在货物运送前就要考虑货物的车辆配装问题。

根据货物配送运输作业本身的特点及服务范围，配装工作所需车辆一般为货车。在配装货物时，主要考虑的是配送货物的容重、体积与包装形式，以及车辆的载重量、容积，使车辆的运力能得到有效的利用。在大多数情况下，应根据需配送货物的具体情况以及车辆情况，依靠经验或简单的计算公式来选择最优的装车方案。在管理水平、技术条件成熟的情况下，也可以通过数学建模及利用计算机编制程序开发软件进行货物配载。本任务主要介绍两种常用车辆的配载方法。

## 一、容重配装简单计算法

在货物运输车辆的配装中，一般容重大的货物（如钢板）往往在达到车辆载重量时其容积空间剩余很大；容重小的货物（如棉纱、服装等）看似装了满满一车，但实际并未达到车辆的载重量。上述情况均会造成运力浪费。因此，采用容重法将两者进行配装是一种常用的减少运力浪费的装车方法。

【例5-1】需配送A、B两种货物，A类货物容重为$R_A kg/m^3$，单件体积为$V_A m^3/$件；B类货物容重为$R_B kg/m^3$，单件体积为$V_B m^3/$件；车辆载重为$G_t$，车辆最大容积为$V m^3$。计算最佳的配装方案。设车辆有效容积为$V×90\%$（货物尺寸的组合不能完全等于车辆内部尺寸，以及装车后可能存在无法利用的空间）。

解：在既满载又满容的前提下，设货物A装入数为$X$件；货物B装入数为$Y$件。

则：
$$\begin{cases} X \cdot V_A + Y \cdot V_B = V \cdot 90\% \\ X \cdot R_A \cdot V_A + Y \cdot R_B \cdot V_B = G \end{cases}$$

解上述联立方程组所求得的$X$、$Y$值即为配装数值。

在例5-1中只有两种货物的配装。在配装货种较多、车辆种类又较多的情况下，可以先从多种配送货物中选出容重最大和容重最小的两种进行配装；然后根据剩余的车辆载重与空间，在其他待装货物中，再选容重最大和容重最小的两种配装。依此类推，即可求出配装结果。

在实际工作中常常不可能每次都求出配装的最优解，所以，寻求最优解的近似解，将问题简单化，可以节约计算量和时间、简化配装要求、加快装车速度，也可以获得综合的效果。解决配装最简单的方法是安排车辆装运容重大和小的两种货物，在装车时可先将高容重的货物装在下部，然后在其上方堆放低容重的货物。按计划或经验配装，所余容重居中的货物不再考虑配装，可直接装车。

应当注意，配装只是配送时要考虑的一个方面。如果货物性质或装运方面有特殊要求，就不能单从配装的满载、满容角度来考虑和解决问题。此外，还需要注意货物到达客户处的卸货问题，如应当将后卸货物装在车厢内部，将先到达客户的货物装在易卸易取的边部，否则会影响配送速度，增加卸车费用，这也是不可取的。

## 二、动态规划法

设车辆的额定载重量为$G$，可用于配送$n$种不同的货物，货物的重量分别为$W_1$，$W_2$，$W_3$，…，$W_n$。每一种货物分别对应于一个价值系数，用$P_1$，$P_2$，…，$P_n$表示，它可以表示货物的重量、价值、运费等。设$X_K$为第$K$种货物的装入数量，则装货问题可表示为

$$F_{\max}(x) = \sum_{k=1}^{n} P_k X_k$$

$$\sum_{k=1}^{n} P_k X_k \leq G \quad K \geq 0 \quad (k=1, 2, 3, \cdots, n)$$

我们可以采用运筹学中动态规划思想求解上述问题，即把每装入一件货物作为一个阶段，把装货问题转化为动态规划问题。动态规划问题求解过程是从最后一个阶段开始由后向前推进的。由于装入货物的先后次序不影响最优解，所以，求解过程可从第一阶段开始，由前向后逐步进行。

具体步骤如下。

第一步：装入第 1 种货物 $X_1$ 件，其最大价值为

$$F_1(W) = \max P_1 X_1$$

其中，$0 \leq X_1 \leq [G/W_1]$，方括号表示取整数。

第二步：装入第 2 种货物 $X_2$ 件，其最大价值为

$$F_2(W) = \max\{P_2 X_2 + F_1(W - W_2 X_2)\}$$

其中，$0 \leq X^2 \leq [G/W_2]$。

……

第 $n$ 步：装入第 $n$ 种货物 $X_n$ 件，其最大价值为

$$F_n(W) = \max\{P_n X_n + F_n - 1(W - W_n X_n)\}$$

其中，$0 \leq X_n \leq [G/W_n]$。

下面举例说明上述求解过程。

**【例 5-2】** 载重量为 8t 的载货汽车，配送运输 4 种货物，第 1 种货物集装单元化后重量为 3t/件，第 2 种货物集装单元化后重量为 3t/件，第 3 种货物集装单元化后重量为 4t/件，第 4 种货物集装单元化后重量为 5t/件。试问这 4 种货物如何配装才能充分利用货车的运输能力？

**解**：该例以货物重量作为价值系数，则 4 种货物的价值系数分别为 3、3、4、5。按上述方法，分成 4 个阶段进行计算，将计算结果列成 4 个表格，分别见表 5-4~表 5-6。阶段计算从价值最小的货物到价值最大的货物。

第一阶段：计算装入第 1 种货物的价值。

表 5-4 第一阶段价值计算表

| $W$ | 0 | 1 | 2 | 3 | 4 | 5 | 6 | 7 | 8 |
|---|---|---|---|---|---|---|---|---|---|
| $X_1$ | 0 | 0 | 0 | 1 | 1 | 1 | 2 | 2 | 2 |
| $F(W)$ | 0 | 0 | 0 | 3 | 3 | 3 | 6 | 6 | 6 |

注：$W$ 为车辆可利用载重量假设；$X_1$ 为第 1 种货物装载件数；$F(W)$ 表示价值系数 $[F_1(W) = P \cdot X_1 = 3 \cdot X_1]$。

第二阶段：计算装入第 2 种货物的价值。

计算时要考虑两种情况：一是先装第 1 种货物，再装第 2 种货物；二是先装第 2 种货物，再装第 1 种货物。

表 5-5　第二阶段价值计算表

| 车辆可利用载重量假设 | 第 2 种 3t 货物装入件数 | 装入第 2 种货物后的车辆剩余载重量 | 装入第 2 种货物的价值与剩余载重量所装第 1 种货物的价值之和 | 装入第 2 种货物 $X_2$ 件时，其最大价值 |
|---|---|---|---|---|
| $W$ | $X_2$ | $W-W_2X_2$ | $P_2X_2+F_1(W-W_2X_2)$ | $F_2(W)$ |
| 0 | 0 | 0 | 0+0 | 0 |
| 1 | 0 | 1 | 0+0 | 0 |
| 2 | 0 | 2 | 0+0 | 0 |
| 3 | 0 | 3 | 0+3=3 | 3 |
| 3 | 1 | 0 | 3+0=3 | 3 |
| 4 | 0 | 4 | 0+3=3 | 3 |
| 4 | 1 | 1 | 3+0=3 | 3 |
| 5 | 0 | 5 | 3+0=3 | 3 |
| 5 | 1 | 2 | 0+3=3 | 3 |
| 6 | 0 | 6 | 0+6=6 | 6 |
| 6 | 1 | 3 | 3+3=6 | 6 |
| 6 | 2 | 0 | 6+0=6 | 6 |
| 7 | 0 | 7 | 0+6=6 | 6 |
| 7 | 1 | 4 | 3+3=6 | 6 |
| 7 | 2 | 1 | 6+0=6 | 6 |
| 8 | 0 | 8 | 0+6=6 | 6 |
| 8 | 1 | 5 | 3+3=6 | 6 |
| 8 | 2 | 2 | 6+0=6 | 6 |

第三阶段：计算装入第 3 种货物的价值。

表 5-6　第三阶段价值计算表

| 车辆可利用载重量假设 | 第 3 种 4t 货物装入件数 | 装入第 3 种货物后的车辆剩余载重量 | 装入第 3 种货物的价值与剩余载重量所装第 2 种货物的价值之和 | 装入第 3 种货物 $X_3$ 件时，其最大价值 |
|---|---|---|---|---|
| $W$ | $X_3$ | $W-W_3X_3$ | $P_3X_3+F_2(W-W_3X_3)$ | $F_3(W)$ |
| 0 | 0 | 0 | 0+0 | 0 |
| 1 | 0 | 1 | 0+0 | 0 |
| 2 | 0 | 2 | 0+0 | 0 |
| 3 | 0 | 3 | 0+3=3 | 3 |
| 4 | 0 | 4 | 0+3=3 | 4 |
|  | 1 | 0 | 4+0=4 |  |
| 5 | 0 | 5 | 0+3=3 | 4 |
|  | 1 | 1 | 4+0=4 |  |
| 6 | 0 | 6 | 0+6=6 | 6 |
|  | 1 | 2 | 4+0=4 |  |
| 7 | 0 | 7 | 0+6=6 | 7 |
|  | 1 | 3 | 4+3=7 |  |
| 8 | 0 | 8 | 0+6=6 | 8 |
|  | 1 | 4 | 4+3=6 |  |
|  | 2 | 0 | 8+0=8 |  |

第四阶段：计算装入第 4 种货物的价值。

寻求最优解方案的顺序与计算顺序相反，是由第四阶段向第一阶段进行的，见表 5-7。

表 5-7　第四阶段价值计算表

| 车辆可利用载重量假设 | 第 4 种 5t 货物装入件数 | 装入第 4 种货物后的车辆剩余载重量 | 装入第 4 种货物的价值与剩余载重量所装第 3 种货物的价值之和 | 装入第 4 种货物 $X_4$ 件时，其最大价值 |
|---|---|---|---|---|
| $W$ | $X_4$ | $W-W_4X_4$ | $P_4X_4+F_3(W-W_4X_4)$ | $F_4(W)$ |
| 8 | 0 | 8 | 0+8=8 | 8 |
|  | 1 | 3 | 5+3=8 |  |

（1）在第四阶段计算表中：

价值（【例5-2】为载重量）最大值$F_4(W)=8$，对应两组数据，其中一组中$X_4=0$，另一组中$X_4=1$。

当$X_4=1$时，即第4种货物装入1件，表中第3列数字表示其他种类货物的装载量。当$X_4=1$时，其他3种货物的装载量为3t。

（2）在第三阶段计算表中：

查$W=3$时的装载重量最大值$F_3(W)=3$对应$X_3=0$，查表中第3列数字，当$W=3$，$X_3=0$时，其余两类货物装入重量为3t。

（3）在第二阶段计算表中：

查$W=3$，$F_2(W)=3$时，对应两组数据：$X_2=0$或$X_2=1$，其余量为3或0，即其他（第1种）货物装入量为3或0。

（4）再查第一阶段计算表：

当$W=3$时，对应$X_1=1$；当$W=0$时，对应$X_1=0$。

（5）得到3组最优解：

①$X_1=1$，$X_2=0$，$X_3=0$，$X_4=1$；

②$X_1=0$，$X_2=1$，$X_3=0$，$X_4=1$；

装载重量为：$F(W)=P_2\times X_2+P_4\times X_4=3\times 1+5\times 1=8(t)$。

如果在第四阶段计算表中取$X_4=0$，则余项$W-W_4X_4=8$。

在第三阶段计算表中，查$W=8$一栏，$F_3(W)=8$对应$X_3=2$，因此得到第3组最优解。

③$X_1=0$，$X_2=0$，$X_3=2$，$X_4=0$。

装载重量为：$F(X)=X_3\times P_3=2\times 4=8(t)$。

这3组解都可以使装载重量达到汽车的最大载重量。

### 补充与链接（其他知识点整理处）

项目五 配送加工作业与车辆配载作业

## 岗位案例分析

联华连锁超市配送中心现需运送白菜和盘子两种货物,白菜的单位质量体积为 $1\,000\,m^3/t$,盘子的是 $1.8\,m^3/t$,计划使用车辆的载重量为 11t,车厢容积为 $15\,m^3$。

阅读材料,回答以下问题:

如何装载才能使车辆的载重能力和车厢容积都被充分利用?

## 岗位实训任务

### 配装作业实训

**任务要求:**

要求学生认识到合理配装对配送活动的重要性;熟悉配装常用的作业方法、配装的具体步骤;培养学生的团队合作精神和吃苦耐劳的精神。

**任务准备:**

发货单、送货单、送货单统计表等单据。

**任务步骤:**

(1) 填写《岗位任务工单》(表5-8)中的任务分析、任务执行。

表5-8 岗位任务工单

| 姓　　名 | | 任务名称 | |
|---|---|---|---|
| 班　　级 | | 日　　期 | |
| 具体内容 | | | |
| 任务分析 | | | |
| 任务执行 | | | |

(2）根据销售情况，华联配送中心向三个部门发货，发货单的具体内容见表5-9。假设你是华联配送中心的配装人员，物流实训室就是华联配送中心，有一辆载重量为1.5t的货车和一辆载重量为1t的货车，请根据这三个门店的发货单来配装并组织发货。

（3）确定任务目标。

以三个门店的发货单为依据，按照配装的原则进行配装，并保证配装作业准确、快速。

### 表5-9 华联连锁超市三个门店的发货单具体内容

门店1：

| 货物代码 | 货物名称 | 单位 | 规格 | 数量 | 条形码 |
|---|---|---|---|---|---|
| 31031101 | 娃哈哈八宝粥360g | 箱 | 1×12 | 10 | 6902083880781 |
| 31030708 | 康师傅茉莉清茶500mL | 箱 | 1×12 | 5 | 6939993798431 |
| 03091705 | 蒙牛未来星儿童牛奶190mL | 箱 | 1×15 | 12 | 6923644270773 |
| 03010302 | 可口可乐600mL | 捆 | 1×9 | 5 | 2926026535311 |
| 13010380 | 来一桶酸菜牛肉火锅面137g | 碗 | 1×12 | 7 | 6925303773038 |

门店2：

| 货物代码 | 货物名称 | 单位 | 规格 | 数量 | 条形码 |
|---|---|---|---|---|---|
| 03091705 | 康师傅茉莉清茶500mL | 箱 | 1×12 | 7 | 6939993798431 |
| 09010302 | 可口可乐600mL | 捆 | 1×9 | 6 | 6926026535311 |
| 13010380 | 来一桶酸菜牛肉火锅面137g | 箱 | 1×12 | 4 | 6925303773038 |
| 13070709 | 龙口粉丝香辣排骨63g | 箱 | 1×12 | 3 | 6928537100045 |
| 53171101 | 双船卷纸500g | 卷 | 1×10 | 1 | 6925623107845 |
| 13010952 | 农心大碗面117g | 碗 | 1×12 | 8 | 6922343185145 |

门店3：

| 货物代码 | 货物名称 | 单位 | 规格 | 数量 | 条形码 |
|---|---|---|---|---|---|
| 31031101 | 娃哈哈八宝粥360g | 箱 | 1×12 | 5 | 6902083880781 |
| 31030708 | 康师傅茉莉清茶500mL | 箱 | 1×12 | 3 | 6939993798431 |
| 03010302 | 可口可乐600mL | 瓶 | 1×12 | 5 | 6926026535311 |
| 13010380 | 来一桶酸菜牛肉火锅面137g | 碗 | 1×12 | 4 | 6925303773038 |
| 13070709 | 龙口粉丝香辣排骨63g | 碗 | 1×12 | 2 | 6928537100045 |
| 53171101 | 双船卷纸500g | 卷 | 1×10 | 1 | 6925623107845 |
| 13010952 | 农心大碗面117g | 碗 | 1×12 | 8 | 6922343185145 |

（4）制订配装方案。

①以组为单位分析配送中心的配装作业过程，收集资料并分类。

②明确配装对象的特征和客户的具体位置。

③确定组内成员在实施配装过程中的责任。

④制订详细的配装方案。

（5）实施配装。

根据制证的方案实施配装。

（6）归纳总结。

①所有组演示完毕后，组内进行讨论与总结。

②改进方法，进行二次配装。

③教师评价任务完成情况，总结实施本次任务过程中的优缺点。

④教师归纳总结配装作业的相关知识。

⑤学生提出操作中存在的问题，教师解答。

（7）完成实训记录表，见表5-10。

表5-10　实训记录表

| 姓名 | | 班级 | | 年　月　日 | | 星期　　第　节 | |
|---|---|---|---|---|---|---|---|
| 指导教师 | | | | 实训地点 | | | |
| 实训题目 | | | | | | | |
| 实训目标 | | | | | | | |
| 实训内容： | | | | | | | |
| 实训反思： | | | | | | | |
| 教师评语： | | | | | | 实训成绩： | |

**技能训练注意事项：**

（1）在实习过程中，要严格遵守纪律，遵守实习的规章制度，学生原则上不得请假，如有特殊情况，应向指导教师请假。

（2）实习时不准动用与本次实习无关的设备，注意自身安全。

## 总结评价

本任务考评表见表5-11。

**表5-11　任务考评表**

| 项目 | 评价等级及标准 | | | 评价方式（得分） | |
|---|---|---|---|---|---|
| | 优秀<br>（8~10分） | 良好<br>（5~7分） | 仍需努力<br>（1~4分） | 教师（企业导师）评价 | 同学评价 |
| 学习态度 | 课前准备充分，课上积极主动交流、思考并回答问题，努力争取出色地完成任务 | 课前按要求完成预习作业，课上能认真听讲，参与交流，努力完成任务 | 课前未能完成预习作业，课上存在走神现象，在同学的帮助下可以完成任务 | | |
| 任务完成情况 | 完全掌握完成任务所需知识 | 基本掌握本节课所学知识，但对完成任务所需知识掌握得不够熟练 | 能掌握本任务所需知识，但无法进行实际操练 | | |
| 课堂参与程度 | 积极举手发言，积极参与小组的讨论、交流与展示 | 能参与小组活动，并参与任务的分析，能完成任务，但主动性有待提高 | 较少发言，较少参与讨论与交流 | | |
| 自我评价（文字描述）： | | | | | |

## 工匠在身边

**奋进新征程 建功新时代——普田物流职工董明亮荣获"怀柔工匠"称号**

为大力弘扬"劳模精神、劳动精神、工匠精神"，引导各行各业争当新时代的奋斗者，4月28日，"奋进新征程 建功新时代"2022年怀柔区总工会庆祝"五一"国际劳动节暨表彰大

项目五 配送加工作业与车辆配载作业

会隆重召开，来自全区各行各业优秀代表共聚一堂，致敬劳动者、礼赞劳动光荣、歌颂劳动伟大。荣获全国五一劳动奖章、首都劳动奖状、北京市工人先锋号、首都劳动奖章以及首批怀柔工匠荣誉称号的集体和个人受到表彰。其中，北京普田物流有限公司怀柔厂区叉车司机董明亮荣获首批"怀柔工匠"光荣称号。

自 2019 年加入公司以来，董明亮刻苦钻研业务，坚持苦练技能，充分利用有效时间合理安排各类零部件码放位置，保证各类型号的零部件及时快速、准确无误地送往主机厂生产线。他勤于设备检修，使车辆始终保持良好的状态。他时刻牢记自己肩负的重任，在驾驶过程中精神高度集中，严格按照操作规程精准操作，做到万无一失。在怀柔区总工会举办的叉车司机历届职业技能大赛中多次获奖。2020 年，他获得怀柔区总工会首届"职业技术标兵"称号，是公司劳动模范中的优秀代表。

普田物流公司表示，全体干部职工将以董明亮同志为榜样，敬业爱岗，苦练本领，立足岗位成才，大力弘扬劳模精神、劳动精神、工匠精神，发挥好工人阶级主力军作用，凭借"功成不必在我"的境界和"功成必定有我"的担当，满怀信心、满怀激情地投身公司未来发展和各属地经济社会建设。

这个任务对我们以后的学习、工作有什么启发？特别是作为一线的操作者，应该具备什么样的职业道德、职业素养和职业精神？

_____
_____

 **想一想 练一练**

**简答题**

1. 简述容重配装简单计算法。
2. 简述动态规划法。

## 项目总结

本项目首先介绍了配送加工方面的知识，配送加工即对商品在从生产地到使用地的过程中根据客户需要所施加的包装、分割、计量、分拣、刷标志、拴标签、组装等简单作业的总称，需要根据客户的要求或配送对象的特性对商品进行套裁、简单组装、分装、贴标、包装等加工活动。其次介绍了车辆配载作业的知识，车辆配载是根据商品配送运输作业本身的特点及服务范围，将货物装载。主要考虑的是配送货物的容重、体积和包装形式，以及车辆的载重量、容积，以使车辆运力得到有效的利用。

本项目主要知识点如下。

**1. 流通加工**

（1）配送加工的作用。

提高原材料利用率，进行初级加工，方便使用，提高加工效率及设备利用率。充分发挥各种输送手段的最高效率，降低整个物流系统的成本，提高商品附加值，使物流系统成为新的利润中心。

（2）配送加工的特点。

配送加工和一般的生产型加工在加工方法、加工组织、生产管理方面并无明显区别，但在加工对象、加工程度方面差别较大。

（3）配送加工的主要类型。

为弥补生产领域加工不足进行的深加工；为满足需求多样化进行的服务性加工；为保护产品所进行的加工；为提高物流效率进行的加工；为促进销售进行的配送加工；为提高加工效率进行的配送加工；为提高原材料利用率及货物除杂进行的配送加工；为衔接不同的运输方式，使物流合理化进行的配送加工；为实现"生产—流通"一体化进行的配送加工。

（4）配送加工的主要技术。

生鲜食品的配送加工；轻纺产品的配送加工；木材的配送加工；平板玻璃的配送加工；煤炭等燃料的配送加工；水泥的配送加工；机械产品及零配件的配送加工；钢材剪板及下料的配送加工；冷链系统和商品混凝土的配送加工；蔬菜的配送加工；绿色配送加工。

**2. 车辆配载**

（1）运用容重配装简单计算法并能分析实际题目。

（2）运用动态规划法并能分析实际题目。

# 项目六

# 送货作业与配送路线优化

## 岗位任务情境

### 百胜物流配送中心优化配送路线

百胜物流是肯德基、必胜客等国际连锁餐饮企业的物流配送提供商。配送路线与配送成本是紧密的正相关关系,通过配送路线的优化可以较大程度地降低配送成本。某市相关区县合并后,当地百胜物流为进一步提高配送效率、降低配送成本,对原有的配送路线进行了调整优化。在调整工作中,百胜物流专门组织配送人员反复讨论如何优化路线,并通过实地测算求证路线是否合理。同时,百胜物流还组织专人调查掌握了每条配送路线配送的商品数量、往返时间、配送户数、行车里程等基础数据。数据分析结果显示,百胜物流优化整合了650条送货路线,此举避免了配送路线的交叉或重复,也打破了部分县(区)的区域界限,还重新调整了1 160位零售客户的配送日期,均衡配送周期和配送量,使配送流程更趋科学、合理。

**想一想:**
如何确定最优的配送路线方案?

## 任务一 送货作业

## 岗位任务要求

### 知识目标

1. 掌握送货的基本作业流程。
2. 掌握基本的车辆集载技术。

### 能力目标

能够根据客户的订单需求完成送货服务。

### 知识目标

1. 掌握送货的基本作业流程。
2. 掌握基本的车辆集载技术。

### 素养目标

培养送货人员的责任意识和效率意识。

## 任务分组

任务名称：_____

| 任务分组表 ||||||
|---|---|---|---|---|---|
| 班级 | | 组号 | | 授课教师 | |
| 组长 | | 学号 | | 日期 | |
| 组内成员 ||||||
| 姓名 || 学号 ||| 备注 |
|  ||  |||  |
|  ||  |||  |
|  ||  |||  |
|  ||  |||  |
| 任务分工 ||||||
|  ||||||

## 获取岗位知识

### 一、送货作业的概念

送货作业是指在配货作业完成后,将客户所需的货物使用汽车或其他运输工具从配送仓库或配送中心送至各客户的活动，送货作业包括送货计划的制订、货物出库、车辆调度与配装、运输路线的优化与决策、客户服务、车辆营运与行车人员的管理等内容，是配送核心活动环节之一，它体现的是配送活动中"送"的特色功能。

## 二、送货作业的特性

### 1. 时效性

快速及时，即确保在指定的时间内交货是送货作业最重要的因素，也是运送服务性的充分体现。因此，必须在认真分析各种因素的前提下，用系统化的思想和原则，有效协调，综合管理，选择配送路线、配送车辆、送货人员，使每个客户在其所期望的时间能收到货物。

### 2. 安全性

运送过程中的机械振动和冲击及其他意外事故、卸货作业环境、送/接货人员的素质等，这些都会影响运送货物的安全性，为使货物完好无损地上架销售，必须坚持运输管理中的安全性原则。

### 3. 服务性

货物运送是配送的末端作业，它通过送货上门服务，直接为客户提供所销售或供应的货物，在物流活动中起着非常重要的作用，其服务质量的好坏直接影响配送效果的好坏与企业经营效益的多少。

### 4. 经济性

以较低的费用完成配送作业是企业形成规模经营效益以及实现价格"卖点"或低成本的基础。所以配送企业不仅应该强调高质量、便利化、敏捷化的配送服务，在提高配送运输效率的同时，还应加强配送运输成本控制与管理。

## 三、送货作业基本流程与管理内容

送货作业的基本流程如图6-1所示。

### 1. 划分基本配送区域

为使整个配送有一个可循的基本依据，应首先将客户所在地的具体位置进行系统统计，并将其作业区域进行整体划分，将每位客户囊括在不同的基本配送区域之中，以此作为下一步决策的基本参考。例如，按行政区域或依交通条件来划分不同的配送区域，在此基础上再作弹性调整并安排配送。

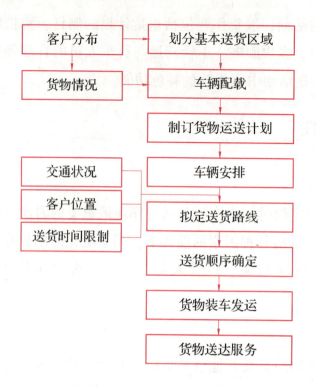

图 6-1 送货作业的基本流程

### 2. 车辆配载

由于货物的品种、特性各异，为提高配送效率，确保货物质量，在接到订单后，先要将货物按照特性进行分类，再分别选取不同的配送方式和运输工具，如按冷冻食品、速食品、散装货物、箱装货物等分类配载。另外，配送货物也分轻重缓急，必须按照先急后缓的原则，合理组织运输配送。

### 3. 暂定配送先后顺序

在考虑完其他影响因素，设计出确定的配送方案前，应先根据客户订单要求的送货时间将配送的先后作业次序进行概括的预订，为后面车辆集载做好准备工作。计划工作的目的，是保证达到既定的目标。因此，预先确定基本配送顺序可以既有效地保证送货时间，又可以尽可能提高运作效率。

### 4. 车辆安排

车辆安排要解决的问题是安排什么类型、什么吨位的配送车辆进行最后的送货。一般企业拥有的车辆有限，车辆数量也有限，当本公司车辆无法满足要求时，可使用外雇车辆。在保证配送运输质量的前提下，是组建自营车队还是以外雇车为主，则需视经营成本而定，具体如图6-2所示。曲线1表示外雇车辆的运送费用随运输量的变化情况；曲线2表示自有车辆的运送费用随运量的变化情况。当运量小于 $A$ 时，外雇车辆费用小于自有车辆费用，所以应选用外雇车辆；当运输量大于 $A$ 时，外雇车辆费用大于自有车辆费用，所以应选用自有车辆。但无论是自有车辆还是外雇车辆，都必须事先掌握有哪些车辆可以供调派并符合要求，即这些车辆的容量和额定载重是否满足要求。另外，在安排车辆之前，还必须分析订单上货物的信息，如体积、重量、数量等对于装卸的特别要求等，综合考虑各方面因素的影响，作出最合适的车辆安排。

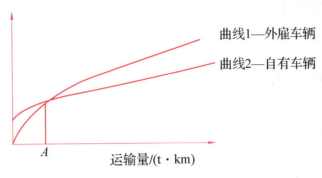

图 6-2　雇租车辆与自有车辆的费用比较

### 5. 选择配送路线

在知道每辆车负责配送的具体客户后，下一步就是以最快的速度完成对这些货物的配送，即选择配送距离短、配送时间短、配送成本低的路线，这些均需要根据客户的具体位置、沿途的交通情况等作出优先选择和判断。除此之外，还必须考虑有些客户或其所在地的交通环境对送货时间、车型等方面的特殊要求，如有些客户不在中午或晚上收货，或有些道路在高峰期实行特别的交通管制等。

### 6. 确定最终的配送顺序

做好车辆安排及选择最好的配送路线后，依据各车负责配送的具体客户的先后，即可将客户的最终派送顺序加以明确的确定。

### 7. 完成车辆集载

明确客户的配送顺序后，接下来就是如何将货物装车、以什么次序装车的问题，即车辆的集载问题。原则上，明确客户的先后配送顺序，只要将货物依"后送先装"的顺序装车即可。但有时为了有效地利用空间，可能还要考虑货物的性质（怕震、怕压、怕撞、怕湿）、形状、体积及质量等作出弹性调整。此外，对于货物的装卸方法也必须依照货物的性质、形状、质量、体积等来作具体决定。

### 8. 运达服务

当货物送达要货地点后，送货人员应协助收货单位将货物卸下车，放到指定位置，并与收货单位的收货人员一起清点货物，做好送货完成确认工作（送货签收回单），然后通知财务部门及时结算费用。

在以上各阶段操作过程中，需要注意的要点如下。

（1）明确订单内容。

（2）掌握货物的性质。

（3）明确具体配送地点。

（4）适当选择配送车辆。

（5）选择最优的派送路线。

（6）充分考虑各作业点装卸货时间。

## 四、配送车辆积载技术

### 1. 影响配送车辆积载因素

（1）货物特性因素：如轻泡货物吨位利用率低。

（2）货物包装情况：如车厢尺寸不与货物包装容器的尺寸成整倍数关系，则无法装满车厢。

（3）不能拼装运输：比如有些危险品必须减载运送才能保证安全。

（4）由于装载技术的原因，造成不能装足吨位。

### 2. 车辆积载的原则

（1）轻重搭配的原则：将重货置于车厢底部，轻货置于车厢上部，避免重货压坏轻货，并使货物的重心下移。

（2）大小搭配的原则。

（3）货物性质搭配原则：拼装在同一个车厢内的货物，其化学性质、物理属性不能互相抵触。

（4）到达同一地点的适合配装的货物应尽可能一次积载。

（5）确定合理的堆码层次及方法：可根据车厢的尺寸、容积和货物外包装的尺寸来确定。

（6）装载时不允许超过车辆所允许的最大载重量。

（7）装载易滚动的卷状、桶状货物，要垂直摆放。

（8）货与货之间，货与车辆之间应留有空隙并适当衬垫，防止货损。

（9）装货完毕，应在门端处采取适当的稳固措施，以防开门卸货时货物倾倒造成货损。

（10）尽量做到"后送先装"。

### 3. 提高车辆装载效率的具体办法

（1）研究各类车厢的装载标准，根据不同货物和不同包装体积的要求，合理安排装载顺序，努力提高装载技术和操作水平，力求装足车辆核定吨位。

（2）根据客户所需要的货物品种和数量，调派适宜的车型承运，这就要求配送中心根据经营商品的特性，配备合适的车型结构。

（3）凡是可以拼装运输的，尽可能拼装运输，但要注意防止差错。

### 4. 配送车辆装载与卸载

（1）装卸的基本要求。

①装车前应对车厢进行检查和打扫。

②确定最恰当的装卸方式。

③合理配置和使用装卸机具。

④力求减少装卸次数。

⑤防止货物装卸时的混杂、散落、漏损、砸撞。

⑥装车的货物应数量准确，捆扎牢靠，做好防丢措施；卸货时应清点准确，码放、堆放整齐，标志向外，箭头向上。

⑦提高货物集装化或散装化作业水平。

⑧做好装卸现场组织工作。

（2）装车堆积。

①堆积的方式。堆积的方式有行列式堆码方式和直立式堆码方式。

②堆积应注意的事项。

堆码方式要有规律、整齐，堆码高度不能太高。货物在横向不得超出车厢宽度，前端不得超出车身，后端不得超出车厢的长度为：大型货车不超过 2m；载重量为 1 000kg 以上的小型货车不得超过 1m；载重量为 1 000kg 以下的小型货车不得超过 50cm。堆码时应重货在下，轻货在上；包装强度差的应放在包装强度好的上面；货物应大小搭配，以利于充分利用车厢的载容积及核定载重量；按顺序堆码，先卸车的货物后码放。

（3）绑扎。

①绑扎时主要考虑以下几点。

a. 绑扎端点要易于固定而且牢靠。

b. 可根据具体情况选择绑扎形式。

c. 应注意绑扎的松紧度，避免损坏货物及其包装。

②绑扎的形式。

a. 单件捆绑。

b. 单元化、成组化捆绑。

c. 分层捆绑。

d. 分行捆绑。

e. 分列捆绑。

### 补充与链接（其他知识点整理处）

---

## 岗位案例分析

### 百胜物流的送货策略

百胜物流是肯德基、必胜客等国际连锁餐饮企业的物流配送提供商。对于连锁餐饮配送来说，由于原料特征及客户要求基本稳定，单次送货成本始终是企业降低成本的焦点。据百胜物流统计，在连锁餐饮企业的配送业务中，送货运输成本占到总体配送成本的约60%，而在这60%中，约有55%是可以通过各种手段控制的。因此，该公司把降低成本的核心锁定在送货运输这个核心环节。该公司采取的策略是：合理安排送货运输路程；减少不必要的送货作业；提高车辆利用率；尝试歇业时间送货。合理安排送货路程包括尽量使车辆满载，保持良好的沟通联络，较高的送货效率。利用深夜或凌晨等歇业时间送货可以使送货作业的时间较为充裕，从而提高车辆的利用率。

阅读材料，回答以下问题。

1. 送货作业管理核心内容是什么？
2. 百胜物流是通过哪些途径实现以上目标的？

## 岗位实训任务

### 送货作业实训

**任务要求：**

根据送货作业的内容与流程，完成送货作业实训任务。

**任务准备：**

计算机、相关单据（发货通知单、到货登记表、送货单、收货单等，见表6-1～表6-4。）

项目六　送货作业与配送路线优化

表 6-1　发货通知单

订单编号：　　接单日期：　　负责人：　　客户名称：　　客户编号：

| 序号 | 产品名称 | 计量单位 | 单价 | 数量 | 金额 | 备注 |
|---|---|---|---|---|---|---|
|  |  |  |  |  |  |  |
|  |  |  |  |  |  |  |
| 合计金额 | | | | | | |
| 合计金额：（大写） | | | | | | |

审批日期：　　批准人：　　审批意见：　　发货日期：　　发货人：

表 6-2　到货登记表

| 序号 | 货名 | 车型 | 数量 | 到货时间 | 检验结果 | 抽点数量 | 备注 |
|---|---|---|---|---|---|---|---|
|  |  |  |  |  |  |  |  |
|  |  |  |  |  |  |  |  |
| 配件科登记人： | | | | | | | |

表 6-3　送货单

收货单位：　　地址：　　电话：　　日期：

| 货号 | 名称及规格 | 单位 | 数量 | 单价 | 金额 | 备注 |
|---|---|---|---|---|---|---|
|  |  |  |  |  |  |  |
|  |  |  |  |  |  |  |
| 合计 | 佰　拾　万　仟　佰　拾　元　角　分 | | | | ¥： | |

收货单位及经手人（签章）　　　　　　　　送货单位及经手人（签章）

表 6-4　收货单

| 类别 | 申请号码 | 厂商 | 约交日期 | 收货日期 | 统一发标号码 |
|---|---|---|---|---|---|
| □材料□半成品□成品 | | | | | |

| 项次 | 订单号 | 品名规格 | 材料编号 | 申请数量 | 单位 | 实收 | | 单价 | 金额 | 累计数量 |
|---|---|---|---|---|---|---|---|---|---|---|
| | | | | | | 数量 | 件数 | | | |
|  |  |  |  |  |  |  |  |  |  |  |
|  |  |  |  |  |  |  |  |  |  |  |
| 说明 | | | | 检验结果 | | | | 收货部门 | 部门 | |

**任务步骤：**

（1）分组。将班上同学分成若干个送货小组，每组5人，设组长1名。

（2）学生填写《岗位任务工单》（表6-5）中的任务分析、任务执行。

表6-5　岗位任务工单

| 姓　　名 | | 任务名称 | |
|---|---|---|---|
| 班　　级 | | 日　　期 | |
| 具体内容 ||||
| 任务分析 ||||
| 任务执行 ||||

（3）设定送货情景，对每组学生进行角色分配。

（4）业务人员接到发货人员相关信息后，凭信息开具"送货通知单"，并送到调度中心。

（5）调度人员接到"送货通知单"后，先根据所送货物情况及所要求送货目的地，再计算出送货路径与有关运费，安排车辆，选择适宜的运输方式，安排运输人员。

（6）调度人员安排好相关送货车辆和相关运输人员后，与调度人员联系，安排好装载货物的时间和地点，并通知接货人员货物的到达时间。

（7）承运人在装载完货物后，行驶途中要随时与送货部门联系，随时报告自己所处位置、行程及遇到的情况，以保证送达时间和运送途中的安全。

（8）送货人员要随时与接货人员、承运人员及业务部门联系，随时了解情况，处理途中任务，保证送达时间，以提高客户满意度。

（9）运输人员将货物运至收货地点，收货人员对照送货单验货。

（10）收货人对照送货单检验货物数量、规格和型号，包装有无破损，货物有无质量问题。

（11）如发现与送货单不符，或商品有损坏、缺少，或规格、品种、质量不符等情况，接货人员应填写有关记录，有承运人当场复查并签章证明。接货人员可凭此向相关人员交涉。若与送货单情况相符，接货人员在送货单签单，卸车入库。

（12）完成实训记录表，见表6-6。

表6-6 实训记录表

| 姓名 | | 班级 | | 年 月 日 | | 星期 | 第 节 |
|---|---|---|---|---|---|---|---|
| 指导教师 | | | | 实训地点 | | | |
| 实训题目 | | | | | | | |
| 实训目标 | | | | | | | |
| 实训内容： | | | | | | | |
| 实训反思： | | | | | | | |
| 教师评语： | | | | | 实训成绩： | | |

**技能训练注意事项：**

（1）在实习过程中，要严格遵守纪律，遵守实习的规章制度，学生原则上不得请假，如有特殊情况，应向指导教师请假。

（2）实习时不准动用与本次实习无关的设备，注意自身安全。

## 总结评价

本任务考评表见表6-7。

**表6-7 任务考评表**

| 项目 | 评价等级及标准 | | | 评价方式（得分） | |
| --- | --- | --- | --- | --- | --- |
| | 优秀<br>（8~10分） | 良好<br>（5~7分） | 仍需努力<br>（1~4分） | 教师（企业导师）评价 | 同学评价 |
| 学习态度 | 课前准备充分，课上积极主动交流、思考并回答问题，努力争取出色地完成任务 | 课前按要求完成预习作业，课上能认真听讲，参与交流，努力完成任务 | 课前未能完成预习作业，课上存在走神现象，在同学的帮助下可以完成任务 | | |
| 任务完成情况 | 完全掌握完成任务所需知识 | 基本掌握本节课所学知识，但对完成任务所需知识掌握得不够熟练 | 能掌握本任务所需知识，但无法进行实际操练 | | |
| 课堂参与程度 | 积极举手发言，积极参与小组的讨论、交流与展示 | 能参与小组活动，并参与任务的分析，能完成任务，但主动性有待提高 | 较少发言，较少参与讨论与交流 | | |
| 自我评价（文字描述）： | | | | | |

这个任务对我们以后的学习、工作有什么启发？特别是作为一线的操作者，应该具备什么样的职业道德、职业素养和职业精神？

_____

_____

## 想一想 练一练

### 一、不定项选择题

1. 下列选项中属于送货特点的是（　　）。

A. 可靠性　　　　　　B. 实效性　　　　　　C. 沟通性

2. 装车作业时应做到（　　）。

A. 省力　　　　　　　B. 节能　　　　　　　C. 及时

3. 运输人员将货物运至收货地点，收货人员对照（　　）验货。

A. 订单　　　　　B. 送货单　　　　　C. 验货单　　　　　D. 发货单

## 二、判断题

1. 送货作业效率的高低对配送效率的高低影响不大。（　　）
2. 货物送达目的地后，送货人员就完成了他的任务。（　　）
3. 预先确定基本配送顺序可以既有效地保证送货时间，又可以尽可能地提高运作效率。
（　　）

## 三、简答题

1. 简要说明送货的基本作业流程。
2. 提高送货效率的途径有哪些？

# 任务二　配送路线优化

## 岗位任务要求

### 知识目标

1. 理解配送路线优化的意义和路程。
2. 能运用里程节约法解决实际的路线选定问题。

### 能力目标

能用图上作业法或里程节约法来规划配送路线。

### 素养目标

让学生树立艰苦务实的劳动观念。

### 任务分组

任务名称：_____

<table>
<tr><td colspan="6" align="center">任务分组表</td></tr>
<tr><td align="center">班级</td><td></td><td align="center">组号</td><td></td><td align="center">授课教师</td><td></td></tr>
<tr><td align="center">组长</td><td></td><td align="center">学号</td><td></td><td align="center">日期</td><td></td></tr>
<tr><td colspan="6" align="center">组内成员</td></tr>
<tr><td colspan="2" align="center">姓名</td><td colspan="2" align="center">学号</td><td colspan="2" align="center">备注</td></tr>
<tr><td colspan="2"></td><td colspan="2"></td><td colspan="2"></td></tr>
<tr><td colspan="2"></td><td colspan="2"></td><td colspan="2"></td></tr>
<tr><td colspan="2"></td><td colspan="2"></td><td colspan="2"></td></tr>
<tr><td colspan="6" align="center">任务分工</td></tr>
<tr><td colspan="6"></td></tr>
</table>

## 获取岗位知识

配送路线是指各送货车辆向各个客户送货时所要经过的路线。配送路线合理与否对配送速度、成本、效益影响很大，采用科学合理的方法优化配送路线，是配送活动中非常重要的一项工作。确定配送路线一般可以采用各种数学方法和在数学方法的基础上发展、演变而来的经验方法进行定量分析与定性分析，但对复杂的配送路线的确定最好是利用线性规划的数学模型转换成计算机程序来求出最优配送路线方案。无论采用何种方法，必须先明确想要完成的目标以及阻碍此目标实现的各种因素（即客观约束条件），这样才能找出最佳方案。

## 一、配送路线确定的原则

### 1. 确定目标

目标是根据配送的具体要求、配送企业的实力及客观条件来确定的。其有以下七种选择条件。

①效益最高。

②成本最低。

③路程最短。

④吨千米最小。
⑤准时性最高。
⑥运力利用最合理。
⑦劳动消耗最低。

**2. 确定配送路线的约束条件**

以上目标在实现时会受到许多条件的约束，一般的配送约束条件有以下五项。
①满足所有收货人对货物品种、规格、数量的要求。
②满足收货人对货物发到时间范围的要求。
③在允许通行的时间内进行配送。
④各配送路线的货物量不得超过车辆容积和载重量的限制。
⑤在配送中心现有运力允许的范围内。

## 二、配送运输车辆的调度

### 1. 配送运输车辆调度的内容

配送运输车辆的调度是配送运输管理的一项重要的职能，是指挥和监控配送车辆正常运行、协调配送生产过程以实现车辆运行作业计划的重要手段。其主要包括以下内容。
①编制配送车辆运行作业计划。
②现场调度。
③随时掌握车辆运行信息，进行有效监督。
④检查计划执行情况。

### 2. 配送运输车辆调度的原则

车辆运行计划在组织执行过程中常会遇到一些难以预料的问题（如客户需求发生变化、装卸机械发生故障、车辆运行途中发生技术障碍、临时性路桥阻塞等）需要调度部门要有针对性地加以分析和解决，随时掌握货物状况、车况、路况、气候变化、司机状况、行车安全等，确保运行作业计划顺利进行。车辆调度工作要遵循以下原则。
①坚持从全局出发，局部服从全局的原则。
②安全第一、质量第一原则。
③计划性原则。
④合理性原则。

## 三、确定配送路线的方法

选择配送路线的方法有许多种，要根据配送货物的数量、特性、客户的地理位置、距离、交通状况、运送成本、客户对配送服务的时间要求等因素具体确定。下面列举几种常见的选择方法。

### 1. 经验判断法

经验判断法是指利用行车人员的经验来选择配送路线的一种主观判断方法，一般先以司机习惯的行驶路线和道路行驶规定等为基本标准，拟订出几个不同的方案，再通过倾听有经验的司机和送货人员的意见，或者直接由配送管理人员凭经验判断。这种方法的质量取决于决策者对运输车辆、客户的地理位置与交通路线情况的掌握程度以及决策者的分析判断能力与经验。这种选择方法尽管缺乏科学性，易受掌握信息详尽程度的限制，但运作方式简单、快速、方便。通常，对配送路线的影响因素较多，难以用某种确定的数学关系表达，或难以用某种单项依据评定时采用。

【例6-1】某日，某建材配送中心需运送水泥580t、盘条400t和不定量的平板玻璃到某地。该中心有大型车20辆，中型车20辆，小型车30辆。各种车辆每日只运送一种货物，运输定额见表6-8。

表6-8 运输定额    单位：t

| 车辆种类 | 运送水泥 | 运送盘条 | 运送玻璃 |
| --- | --- | --- | --- |
| 大型车 | 20 | 17 | 14 |
| 中型车 | 18 | 15 | 12 |
| 小型车 | 16 | 13 | 10 |

根据经验派车法确定，车辆安排的顺序为大型车、中型车、小型车。货物运送的顺序为水泥、盘条、玻璃。由此而得出的派车方案见表6-9，共完成货运量980t。

表6-9 派车方案

| 车辆种类 | 运送水泥/t | 运送盘条/t | 运送玻璃/t | 车辆总数/辆 |
| --- | --- | --- | --- | --- |
| 大型车 | 20 | — | 11 | 20 |
| 中型车 | 10 | 10 | 12 | 20 |
| 小型车 | — | 20 | 10 | 30 |
| 货运量 | 580 | 400 | — | |

### 2. 综合评分法

能够拟订出多种配送路线方案，并且评价指标明确，只是部分指标难以量化，或对某一项指标有突出的强调与要求时，常采用这种加权评分的方式来确定配送路线。

综合评分法的步骤如下：

①拟订配送路线方案。

②确定评价指标。

③对方案进行综合评分。

【例6-2】 某配送企业设立了配送路线方案评价的10项指标。①全过程的配送距离;②行车时间;③配送准时性;④行车难易程度;⑤动用车辆次数;⑥油耗;⑦车辆状况;⑧运送量;⑨配送客户数;⑩配送总费用。每个评分标准分为5个档次并赋予不同的分值,即极差(0分)、差(1分)、较好(2分)、良好(3分)、最优(4分),满分为40分,然后在表上为配送路线方案评分,根据最后的评分情况,在各个方案之间进行比较,最后确定配送路线。表6-10为对某一配送路线方案进行评分的情况。表中的路线方案得分为32分,为满分得分(理想方案)的80%,各项指标的平均得分为3.2分。

表6-10 路线方案评分表

| 序号 | 评价指标 | 极差<br>0分 | 差<br>1分 | 较好<br>2分 | 良好<br>3分 | 最优<br>4分 |
|---|---|---|---|---|---|---|
| 1 | 全过程的配送距离 | — | — | — | — | √ |
| 2 | 行车时间 | — | — | — | — | √ |
| 3 | 配送准时性 | — | — | √ | — | — |
| 4 | 行车难易程度 | — | — | — | √ | — |
| 5 | 动用车辆次数 | — | — | — | √ | — |
| 6 | 油耗 | — | — | — | √ | — |
| 7 | 车辆状况 | — | — | — | — | √ |
| 8 | 运送量 | — | — | — | — | √ |
| 9 | 配送客户数 | — | — | — | √ | — |
| 10 | 配送总费用 | — | — | √ | — | — |

### 3. 数学计算法

配送路线的影响因素可用某种确定的数学关系表达时,可采用数学计算法对配送路线方案进行优化。下面介绍两种情况下配送路线的确定方法。

(1) 图上作业法。

①绘制交通图。设有$A_1$、$A_2$、$A_3$共3个配送点,分别需要将40t、30t、30t化肥送往4个客户点$B_1$、$B_2$、$B_3$、$B_4$,而且已知各配送点和客户点的地理位置及它们之间的道路通阻情况。据此制出运距运量交通图,如图6-3所示。

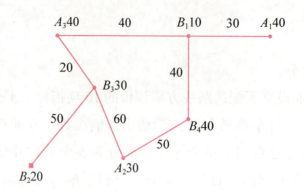

图 6-3 运距运量交通图

②将初始调运方案反映在运距运量交通图上。凡是按顺时针方向调运的货物调运路线（如 $A_3 \to B_1$、$B_1 \to B_4$、$A_2 \to B_3$），其调运箭头线都画在圈外，称为外圈；否则，其调运箭头线（$A_3 \to B_3$）都画在圈内，称为内圈，如图 6-4 所示。

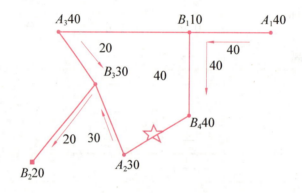

图 6-4 内外圈运动示意

③检查与调整。分别计算路线的全圈长、内圈长和外圈长（圈长即指里程数），如果内圈长和外圈长都分别小于全圈长的一半，则该方案即最优方案；否则为非最优方案，需要对其进行调整。

（2）里程节约法。

利用里程节约法确定配送路线的主要出发点是，根据配送方的运输能力及其与客户之间的距离和各客户之间的相对距离来制订使配送车辆总的周转量达到或接近最小的配送方案。

假设条件：

①配送的是同一种或相类似的货物。

②各客户的位置及需求量已知。

③配送方有足够的运输能力。

④设状态参数为 $t_{i,j}$，$t_{i,j}$ 的定义如下。

$t_{i,j} = \{1,$ 表示客户 $i,j$ 在同一送货路线上；$0,$ 表示客户 $i,j$ 不在同一送货路线上。$\}$

$t_{0,j} = 2$ 表示由送货点 $P_0$ 向客户 $j$ 单独派车送货。

所有状态参数应满足下式：

$$\sum_{i=1}^{j-1} t_{i,j} + \sum_{i=j+1}^{N} t_{i,j} = 2 \quad (j = 1, 2, \cdots, N)$$

式中，$N$ 为客户数。

利用节约法制订出的配送方案除了使总的周转量最小外，还应满足以下条件。

① 方案能满足所有客户的到货时间要求。

② 不使车辆超载。

③ 每辆车每天的总运行时间及里程满足规定的要求。

如图 6-5 所示，设 $P_0$ 为配送中心，分别向客户 $P_i$ 和 $P_j$ 送货。$P_0$ 到 $P_i$ 和 $P_j$ 的距离分别为 $d_{0,i}$ 和 $d_{0,j}$，两个客户 $P_i$ 和 $P_j$ 之间的距离为 $d_{ij}$，送货方案只有两种，即配送中心 $P_0$ 向客户 $P_i$，$P_j$ 分别送货以及配送中心 $P_0$ 向客户 $P_i$，$P_j$ 同时送货。

比较图 6-5 所示中的两种配送方案如下。

方案①的配送路线为 $P_0 \to P_i \to P_0 \to P_j \to P_0$，配送距离为 $d_a = d_{0i} + d_{0j}$，如图 6-5（a）所示；

方案②的配送路线为 $P_0 \to P_i \to P_j \to P_0$，配送距离为 $d_b = d_{0i} + d_{0j} + d_{ij}$，如图 6-5（b）所示。

显然，$d_a$ 不等于 $d_b$，用 $s_{i,j}$ 表示里程节约量，即方案①比方案②节约的配送里程为

$$s_{i,j} = d_{0,i} + d_{0,j} - d_{i,j}$$

根据节约法的基本思想，如果一个配送中心 $P_0$ 分别向 $N$ 个客户 $P_j (j = 1, 2, \cdots, n)$ 配送货物，在货车载重能力允许的前提下，每辆货车的配送路线上经过的客户数越多，里程节约量越大，配送路线也就越合理。

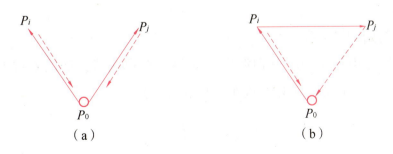

图 6-5 配送路线比较

(a) 方案 1；(b) 方案 2

下面举例说明里程节约法的求解过程。

【例 6-3】假设配送中心 $P_0$ 向 12 个客户 $P_j (j = 1, 2, \cdots, 12)$ 配送货物。各客户的需求量为 $q_j$。从配送中心到客户的距离为 $d_{0,j} (j = 1, 2, \cdots, 6)$，各客户之间的距离为 $d_{i,j} (i = 1 \sim$

12，$j = 1 \sim 12$），具体数值见表6-11和图6-6。配送中心有载重量为4t、5t和6t这3种车辆可供调配。试制订出最优的配送方案。

表6-11 相关参数表

| $P_j$ | 1 | 2 | 3 | 4 | 5 | 6 | 7 | 8 | 9 | 10 | 11 | 12 |
|---|---|---|---|---|---|---|---|---|---|---|---|---|
| $q_{j(t)}$ | 1.2 | 1.7 | 1.5 | 1.4 | 1.7 | 1.4 | 1.2 | 1.9 | 1.8 | 1.6 | 1.7 | 1.1 |
| $d_{i,j}$ | 9 | 14 | 21 | 23 | 22 | 25 | 32 | 36 | 38 | 42 | 50 | 52 |

| $P_1$ | | | | | | | | | | | |
|---|---|---|---|---|---|---|---|---|---|---|---|
| 5 | $P_2$ | | | | | | | | | | |
| 12 | 7 | $P_3$ | | | | | | | | | |
| 22 | 17 | 10 | $P_4$ | | | | | | | | |
| 21 | 16 | 21 | 19 | $P_5$ | | | | | | | |
| 24 | 23 | 30 | 28 | 9 | $P_6$ | | | | | | |
| 31 | 26 | 27 | 25 | 10 | 7 | $P_7$ | | | | | |
| 35 | 30 | 37 | 33 | 16 | 11 | 10 | $P_8$ | | | | |
| 37 | 36 | 43 | 41 | 22 | 13 | 16 | 6 | $P_9$ | | | |
| 41 | 36 | 31 | 29 | 20 | 17 | 10 | 6 | 12 | $P_{10}$ | | |
| 49 | 44 | 37 | 31 | 28 | 25 | 18 | 14 | 12 | 8 | $P_{11}$ | |
| 51 | 46 | 39 | 29 | 30 | 27 | 20 | 16 | 20 | 10 | 10 | $P_{12}$ |

图6-6 各客户之间的距离

第一步，选择初始配送方案。

①初始配送方案是由配送中心分别派专车向每位客户送货，如图6-7所示，由于$q_j < 4t$，因此所需车辆改为12辆载重量为4t的货车，见表6-12。

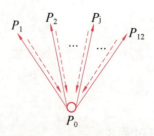

图6-7 初始配送方案

表 6-12 车辆需求情况

| 车数 | | 车型 | | |
|---|---|---|---|---|
| | | 4t | 5t | 6t |
| 方案 | 初始方案 | 12 | 0 | 0 |
| | 修正方案 1 | — | — | — |
| | 修正方案 2 | 9 | 1 | — |
| | … | … | … | … |
| | 最终方案 | 1 | — | 3 |

②初始方案确定后,计算所有的里程节约量 $s_{i,j}$,结果如图 6-8 中每个数字格中左上角的数字所示,如 $s_{11,12} = d_{0,11} + d_{0,12} - d_{11,12} = 50 + 52 - 10 = 92$。

| $q_j$ | $P_0$ | | | | | | | | | | | |
|---|---|---|---|---|---|---|---|---|---|---|---|---|
| 1.2 | (2) 9 | $P_1$ | | | | | | | | | | |
| 1.7 | (2) 14 | 18 5 | $P_2$ | | | | | | | | | |
| 1.5 | (2) 21 | 18 12 | 28 7 | $P_3$ | | | | | | | | |
| 1.4 | (2) 23 | 10 22 | 20 17 | 34 10 | $P_4$ | | | | | | | |
| 1.7 | (2) 22 | 10 21 | 20 16 | 22 21 | 26 19 | $P_5$ | | | | | | |
| 1.4 | (2) 25 | 10 24 | 16 23 | 16 30 | 20 28 | 38 9 | $P_6$ | | | | | |
| 1.2 | (2) 32 9 | 10 31 | 20 26 | 26 27 | 30 25 | 44 1 | 50 7 | $P_7$ | | | | |
| 1.9 | (2) 36 | 10 35 | 20 30 | 20 37 | 24 35 | 42 16 | 50 11 | 58 10 | $P_8$ | | | |
| 1.8 | (2) 38 | 10 37 | 16 36 | 16 43 | 20 41 | 38 22 | 50 13 | 54 16 | 68 6 | $P_9$ | | |
| 1.6 | (2) 42 | 10 41 | 20 36 | 32 31 | 36 29 | 44 20 | 50 17 | 64 10 | 72 16 | 68 12 | $P_{10}$ | |
| 1.7 | (2) 50 | 10 49 | 20 44 | 34 37 | 42 31 | 44 28 | 50 25 | 64 18 | 72 14 | 70 12 | 84 8 | $P_{11}$ |
| 1.1 | (2) 52 | 10 51 | 20 46 | 34 39 | 46 24 | 44 30 | 50 27 | 64 20 | 72 16 | 70 20 | 84 10 | 92 10 | $P_{12}$ |

图 6-8 所需车辆数

第二步，修正初始方案。

①在图 6-8 所示中选择满足下列条件的 $s_{i,j}$ 的最大值，该最大值表明由 $P_0$ 向 $P_i$ 和 $P_j$ 单独送货改为 $P_i$ 和 $P_j$ 同时送货可最大限度地节约配送距离。

　　a. 该最大值对应的两个客户 $P_i$、$P_j$ 的状态参数均大于零。

　　b. 状态参数 $t_{i,j}$ 必须等于零。

　　c. 两个客户 $P_i$ 和 $P_j$ 的需求量之和应小于可用车辆的额定载重量。

在图 6-8 所示中符合上述条件的 $\max s_{i,j} = s_{11,12} = 92$。

②修正方案 1：将原始方案中用两辆载重量为 4t 的货车分别向 $P_{11}$、$P_{12}$ 单独送货改为仅用一辆载重量为 4t 的货车向 $P_{11}$ 和 $P_{12}$ 同时送货，这样配送路线由原有的 12 条减少到 11 条，所需车辆数如图 6-9 所示。

| $q_j$ | $P_0$ | | | | | | | | | | | |
|---|---|---|---|---|---|---|---|---|---|---|---|---|
| 1.2 | (2) 9 | $P_1$ | | | | | | | | | | |
| 1.7 | (2) 14 | 18 5 | $P_2$ | | | | | | | | | |
| 1.5 | (2) 21 | 18 12 | 28 7 | $P_3$ | | | | | | | | |
| 1.4 | (2) 23 | 10 22 | 20 17 | 34 10 | $P_4$ | | | | | | | |
| 1.7 | (2) 22 | 10 21 | 20 16 | 22 21 | 26 19 | $P_5$ | | | | | | |
| 1.4 | (2) 25 | 10 24 | 16 23 | 16 30 | 20 28 | 38 9 | $P_6$ | | | | | |
| 1.2 | (2) 32 9 | 10 31 | 20 26 | 26 27 | 30 25 | 44 1 | 50 7 | $P_7$ | | | | |
| 1.9 | (2) 36 | 10 35 | 20 30 | 20 37 | 24 35 | 42 16 | 50 11 | 58 10 | $P_8$ | | | |
| 1.8 | (2) 38 | 10 37 | 16 36 | 16 43 | 20 41 | 38 22 | 50 13 | 54 16 | 68 6 | $P_9$ | | |
| 1.6 | (2) 42 | 10 41 | 20 36 | 32 31 | 36 29 | 44 20 | 50 17 | 64 10 | 72 16 | 68 12 | $P_{10}$ | |
| 1.7 | (1) 50 | 10 49 | 20 44 | 34 37 | 42 31 | 44 28 | 50 25 | 64 18 | 72 14 | 70 12 | 84 8 | $P_{11}$ |
| 1.1 | (1) 52 | 10 51 | 20 46 | 34 39 | 46 24 | 44 30 | 50 27 | 64 20 | 72 16 | 70 20 | 84 10 | 92 10 | $P_{12}$ |

图 6-9 修正后的所需车辆数

③计算相关系数值：对于修正案 1，由于 $P_{11}$、$P_{12}$ 在同一配送路线上，因此 $t_{11,12} = 1$；相应地，该路线由计算可知，相关的状态参数发生了变化：$t_{0,11} = 1$，$t_{0,12} = 1$。

对初始方案对应的图 6-8 加以调整，得到图 6-9，配送距离 $s_1 = s_0 - 92 = 636$。

第三步，对修正方案 1 进行调整。

①在图 6-9 中寻找符合条件的 $\max s_{i,j}$，得 $\max s_{i,j} = s_{10,12} = 84$。

②修正方案 2：将修正方案 1 用两辆载重量为 4t 的货车分别向 $P_{10}$，$P_{12}$ 单独送货改为仅用一辆载重量为 4t 的货车向 $P_{10}$ 和 $P_{12}$ 同时送货，这样配送路线由原有的 11 条减少为 10 条。

③计算相关数值。

对修正方案 2，显然有 $t_{10,12} = 1$。

由上述式可知，$t_{0,12} = 0$，$t_{0,10} = 1$。在此，由于 $t_{0,12} = 0$，令 $q_{12} = 0$。

由于此时 $P_{10}$，$P_{11}$，$P_{12}$ 在同一配送路线上，由于 $q_{10} = 2.8 + 1.6 = 4.4$，因此该路线应派一辆载重量为 5t 的货车送货，详见图 6-9。

配送距离 $s_2 = s_1 - 84 = 552$。

第四步，按照上述方法对方案进行修正，直到找不出满足条件的 $\max s_{ij}$ 为止，最终的配送方案是：共存在 4 条配送路线，使用的配送车辆为一辆载重量为 4t 的货车和 3 辆载重量为 6t 的货车，配送总距离为 290，这 4 条配送路线分别如下。

第一条配送路线：$P_0 \to P_1 \to P_2 \to P_3 \to P_4 \to P_5 \to P_0$，使用一辆载重量为 6t 的货车。

第二条配送路线：$P_0 \to P_5 \to P_0$，使用一辆载重量为 4t 的货车。

第三条配送路线：$P_0 \to P_{10} \to P_{11} \to P_{12} \to P_7 \to P_0$，使用两辆载重量为 6t 的货车。

第四条配送路线：$P_0 \to P_6 \to P_8 \to P_9 \to P_0$，使用一辆载重量为 6t 的货车。

通过上述例题的求解过程不难发现，配送方案的修正过程非常复杂而且工作量很大，实际应用时需用计算机辅助计算，使其简单易行。

### 补充与链接（其他知识点整理处）

## 岗位案例分析

### 百盛物流推销员的路线规划

小李是一名物流业务推销员，他需要走访中西部的店铺。图 6-10 所示中列出了他负责的某个销售区域。小李的工作方式是在走访开始的前一天晚上来到这个区域，住在当地的青年旅舍里，花两天时间走访这个区域，随后第三天早上离开。由于相关费用由自己支付，小李希望总成本能够最低。他计划第一天要走访 1~9 个店铺，第二天走访其余客户（注：$X$ 坐标为推销员需要走访的店铺的位置；$Y$ 坐标为青年旅舍的位置）。

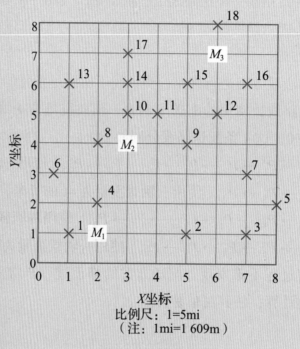

图 6-10　销售区域

他有两个方案可供选择。

方案 1：三晚都住在青年旅舍 $M_2$ 中，住宿费是每晚 49 元。

方案 2：前两晚都住在青年旅舍 $M_1$，走访店铺 1~9，住宿费为每晚 40 元。随后，搬到青年旅舍 $M_3$ 住一晚，走访店铺 10~18，住宿费是 45 元/晚。在走访店铺 1~9 后，小李回到 $M_1$ 住店。随后，搬到 $M_3$ 过夜并于次日早晨离开。$M_1$ 和 $M_3$ 相距 36km。不管小李在这个区域的什么地方，旅行成本都是每千米 0.30 元。

阅读材料，回答以下问题。

哪个方案对小李最合适？为什么？

## 岗位实训任务

### 配送路线优化实训

**任务要求：**

根据要求优化所给配送路线。

**任务准备：**

投影仪、计算机、地图资源。

**任务步骤：**

(1) 学生填写《岗位任务工单》（表6-13）中的任务分析、任务执行。

表6-13 岗位任务工单

| 姓　　名 | | 任务名称 | |
|---|---|---|---|
| 班　　级 | | 日　　期 | |
| 具体内容 | | | |
| 任务分析 | | | |
| 任务执行 | | | |

(2) 分组。将班上同学分成若干小组，每组6人，其中2人将地图抽象为公路网络示意图，2人计算各节点之间的距离，1人计算最优路径和总里程，1人为小组长，负责总结汇报。

(3) 布置任务。教师向每组学生发放任务资料，要求各小组寻找出最短路径。

(4) 完成任务。学生小组制订最终方案并实施，教师辅助。

(5) 小组报告。各小组对作业情况进行汇总、分析，并简述完成过程。

(6) 教师点评。教师针对各小组的完成过程进行依次点评，分析问题及产生的原因，并以任务为载体对相关理论知识进行重点讲解。

(7) 方案修正。各小组修正方案，重新完成方案设计。

(8) 总结提升。如何选择最短的路径。

(9) 填写实训记录表，见表6-14。

表 6-14 实训记录表

| 姓名 | | 班级 | | 年 月 日 | | 星期 第 节 |
|---|---|---|---|---|---|---|
| 指导教师 | | | | 实训地点 | | |
| 实训题目 | | | | | | |
| 实训目标 | | | | | | |
| 实训内容： | | | | | | |
| 实训反思： | | | | | | |
| 教师评语： | | | | | 实训成绩： | |

**技能训练注意事项：**

(1) 资料的查阅范围要广泛，内容要全面。

(2) 要注意团队协作，多进行讨论。

## 项目六 送货作业与配送路线优化

## 总结评价

本任务考评表见表6-15。

表6-15 任务考评表

| 项目 | 评价等级及标准 | | | 评价方式（得分） | |
| --- | --- | --- | --- | --- | --- |
| | 优秀<br>（8~10分） | 良好<br>（5~7分） | 仍需努力<br>（1~4分） | 教师（企业导师）评价 | 同学评价 |
| 学习态度 | 课前准备充分，课上积极主动交流、思考并回答问题，努力争取出色地完成任务 | 课前按要求完成预习作业，课上能认真听讲，参与交流，努力完成任务 | 课前未能完成预习作业，课上存在走神现象，在同学的帮助下可以完成任务 | | |
| 任务完成情况 | 完全掌握完成任务所需知识 | 基本掌握本节课所学知识，但对完成任务所需知识掌握得不够熟练 | 能掌握本任务所需知识，但无法进行实际操练 | | |
| 课堂参与程度 | 积极举手发言，积极参与小组的讨论、交流与展示 | 能参与小组活动，并参与任务的分析，能完成任务，但主动性有待提高 | 较少发言，较少参与讨论与交流 | | |
| 自我评价（文字描述）： | | | | | |

## 工匠在身边

### 青海邮政快递业先进事迹·人物——孙静

当一个人将自己的青春、热情与质朴的情怀融汇到自己的事业中，这份事业也必将在岁月历经中折射出耀眼的光芒。孙静，怀揣着大学时便萌发的"支援西北，建设西北"的梦想，于2014年2月加入了青海顺丰速运有限公司，成为一名"快递小哥"。2020年12月，被人力资源社会保障部、国家邮政局授予"全国邮政行业劳动模范"称号。

从对快递收派件工作的懵懂，到熟练操作各项流程，并保持从入职至今无客户投诉的记录，这背后凝聚着他对本职工作的敬畏之心和平时点点滴滴的积累。再小的快件也要认真包装后再发出，再难派的快递也是耐心沟通，微笑服务，及时送达。有一次，孙静的一位客户

需要向全国5个省份邮寄黄金饰品，用来参加当地的银行贵金属展销会，27票快件总价值达到了90多万元，在同事的协助下，当日全部用航空快件形式发出。第二天下班后，孙静心想，这些价值较高又具有时效性要求的快件，以防万一，跟踪一下比较好。虽然无人要求，但他自动加班，一票票跟踪27个物流信息，上海已签收、北京已签收、兰州已签收……突然，应发到沧州的一票快递显示一直滞留在兰州。他立刻联系了相关同事查找原因，原来是因为两次过航空安检都无法穿透包裹所致。孙静联系客户说明情况，体积较大的黄金确实存在无法被穿透的情况，本着安全第一的原则，在征得客户同意后，孙静协调兰州的同事再次拆开包裹排查，确定无疑后，重新打包改发陆运，并立刻联系兰州的同事协调发货。隔天早上，快件安全、准时地送到了沧州客户的手中，并在展销会中光彩亮相。由于这件价值37万元的黄金葫芦饰品是客户在展销会中的重点参展品，客户也因这件参展品而获得了极大的成功。客户事后表示，孙静为他们挽回了上百万元的经济损失，以后寄快递只认准顺丰，只认准你这个收派员。而他只是憨厚地笑了笑，直说这是应该的。对每一位客户，孙静都尽职尽责。胜利路电子城楼下的几家服装店老板对他也是赞不绝口，他们说，由于做服装行业，包裹经常又大又沉，一般快递员最多送到门口，可是孙静一定要主动帮他们抬到屋里，而且做这一切没有丝毫怨言，总是面带微笑的。孙静的领导则说："孙静就是这样，在别人眼里不起眼、又不影响收入的小事，也要做到最好，一点儿也不嫌苦不嫌累的！"

孙静的敬业、奉献得到了客户、公司以及社会的一致认可。他深刻理解、贯彻习近平总书记赞扬快递员的"小蜜蜂"精神，认真践行社会主义核心价值观，学雷锋、当楷模、助发展，发扬工匠精神，坚守在一线。他凭借专业的技能、负责的态度、勤恳的作风在平凡的岗位上书写着对快递行业的热爱，在默默无闻的奉献中实现着自己的人生价值。

这个任务对我们以后的学习、工作有什么启发？特别是作为配送操作者应该具备什么样的职业道德、职业素养和职业精神？

---

 想一想 练一练

### 计算题

设某配送中心向7名客户配送货物，其配送路线网络、配送中心与客户的距离以及客户之间的距离如图6-11所示，图中括号内的数字表示客户的需求量（单位：t），路线上的数字表示两个节点之间的距离（单位：km）。配送中心现有两辆载重量为4t的货车和两辆载重量为6t的货车可供使用。

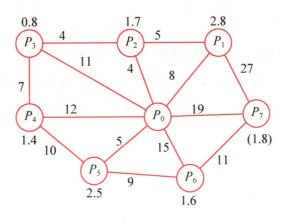

图 6-11 计算题图

要求：

(1) 试用节约里程法制订最佳配送方案；

(2) 设配送中心在向客户配送货物过程中单位时间平均支出成本为 450 元，假定货车行驶的平均速度为 25km/h，试比较优化后的方案与单独向各客户分送相比可节约多少费用。

# 项目总结

本项目首先介绍了送货作业方面的知识，送货作业是指配货作业完成后，将客户所需的货物使用汽车或其他运输工具从配送仓库或配送中心送至各客户的活动，送货作业包括送货计划的制订、货物出库、车辆调度与配装、运输路线的优化与决策、客户服务、车辆营运与配送人员的管理等内容。其次介绍了配送路线优化的知识，配送路线合理与否对配送速度、效益的影响很大，确定配送路线时一般可以采用各种数学方法和在数学方法基础上发展、演变出来的经验方法进行定量分析与定性分析。

本项目的主要知识点如下。

### 1. 送货作业

送货作业的特性：时效性、安全性、服务性、经济性。

送货作业的流程与管理内容：送货作业的流程包括划分基本送货区域、车辆配载、制订货物运送计划、车辆安排等。送货作业的管理内容有划分基本配送区域、车辆配载、暂定配送先后顺序、车辆安排、选择配送路线、确定最终的配送顺序、完成车辆积载、运达服务。

送货车辆积载技术：影响配送车辆积载因素、车辆积载的原则、提高车辆装载效率的具体办法、配送车辆装载与卸载。

## 2. 配送路线优化

路线优化的原则：确定目标，确定配送路线的约束条件。

配送车辆的调度：配送运输车辆调度的内容、配送运输车辆调度的原则。

配送路线优化的方法：经验判断法、综合评分法、数学计算法，并能解决实际问题。

# 参考文献

[1] 陈雄寅. 仓储与配送实务 [M]. 上海：华东师范大学出版社，2013.
[2] 何华洲. 配运作业实务 [M]. 北京：高等教育出版社，2005.
[3] 杨爱明. 配送管理实务 [M]. 3版. 大连：大连理工大学出版社，2019.
[4] 刘联辉. 配送实务 [M]. 北京：中国财富出版社，2012.
[5] 梁乃锋. 物流配送实务 [M]. 北京：中国出版集团，2020.
[6] 蓝仁昌. 物流技术与实务 [M]. 3版. 北京：高等教育出版社，2018.
[7] 毛艳丽. 配送作业实务 [M]. 北京：中国物资出版社，2008.
[8] 宋殿辉，温良. 配送管理实务 [M]. 北京：科学出版社，2013.
[9] 蓝仁昌. 仓储与配送实务 [M]. 北京：中国物资出版社，2011.

# 参考文献